Inhalt

Ökumenische Persönlichkeiten

Zu diesem Heft

Liebe Leserinnen und Leser,

Vollversammlungen des Ökumenischen Rates der Kirchen waren und sind wichtige Meilensteine für die ökumenische Bewegung insgesamt. Hier wird Erreichtes aus vergangenen Jahren kritisch beurteilt, Bekanntes neu vergewissert, aber vor allem nach einer Richtungsweisung für die Zukunft gefragt. Während der 10. Vollversammlung in Busan vor etwas mehr als einem Jahr fand diese Erneuerung der ökumenischen Vision in der Entscheidung für einen „Pilgerweg der Gerechtigkeit und des Friedens" Ausdruck. Während die Delegierten in Südkorea diese Metapher bereits vielfältig gebrauchten, stellt sich nun die Aufgabe, dies zu konkretisieren und eine gemeinsame Richtung zu geben. Mehrere Kirchen gehen bereits neue Schritte, und innerhalb der Programmarbeit des ÖRK beginnt sich eine klarere Vorstellung herauszukristallisieren. Auch die Ökumenische Rundschau möchte hierzu ihren Beitrag liefern. Einige der hier versammelten Artikel wurden bereits während einer Ringvorlesung an der Freien Universität Amsterdam zur Diskussion gestellt.

Der Generalsekretär des ÖRK, *Olaf Fykse Tveit*, berichtet zunächst von ersten Reaktionen unmittelbar nach der Vollversammlung. Es wird deutlich, wie umfassend der nun begonnene Pilgerweg der ökumenischen Vision der Einheit, der Berufung wie auch der Hoffnung der Kirchen Ausdruck verleiht und den unterschiedlichsten Schritten zu einer gemeinsamen Bewegung verhelfen könnte. Auch Papst Franziskus erkenne diese Möglichkeiten, wenn dieser von dem Weg zur Einheit explizit als einem „Pilgerweg" spreche – *Ioan Sauca*, einer der stellvertretenden Generalsekretäre des ÖRK, sieht hierin gar ein neues ökumenisches Paradigma. Seit der ÖRK-Gründungsversammlung in Amsterdam 1948 sei der erklärte Wille der Kirchen wiederholt worden, zusammen bleiben zu wollen. Jetzt aber spreche man ausdrücklich davon, gemeinsam voranzugehen. Aus orthodoxer Sicht ließen sich die eschatologischen und auch ekklesiologischen Dimensionen der ökumenischen Bewegung so deutlicher zur Sprache bringen.

In meinem eigenen Beitrag versuche ich zunächst – als Delegierter einer Mitgliedskirche des ÖRK und Mitglied des neu gewählten ÖRK-Zentralausschusses – den Prozess hin zur Entscheidung für den Pilgerweg der Gerechtigkeit und des Friedens nachzuzeichnen, um in Erinnerung zu halten, an welche ökumenischen Prozesse der jüngeren Vergangenheit hier angeschlossen wird und in welcher Hinsicht diese nun neue Ausrichtung, oder zumindest Gewichtung erfahren könnten. Zum Zweiten wird dann ein Vorschlag entwickelt, der verschiedene Dimensionen eines solchen Pilgerweges der Gerechtigkeit und des Friedens aufzeigt. Dieser kann durchaus auch als Explikation der Erklärung des ÖRK-Zentralausschusses 2014 gelesen werden (s. Dokumente und Berichte, S. 89 ff).

Weitere inhaltliche Interpretationen wie Konkretionen – und auch Überraschungen – werden zum einen aus der Re-Lektüre biblischer Texte gewonnen. *Christiane Karrer-Grube* demonstriert dies eindrücklich anhand der großen Friedensvision der Völkerwallfahrt zum Zion („Schwerter zu Pflugscharen"). Zum anderen ist es die ökumenische Spiritualität, die durch den Gebrauch der Metapher „Pilgerweg" verstärkt ins Zentrum rückt. *Alix Lozano* liefert hierzu eindrückliche Beispiele aus ihrem kolumbianischen Kontext, in dem Unfriede und Ungerechtigkeit für zu viele Menschen zur unmittelbaren Erfahrung gehören. Die gelebte ökumenische Spiritualität lässt das Potential zur Friedensbildung erahnen, ein Ansatz, der die politische Aktion vor allem von Frauen und kleineren Gemeinschaften stärkt.

Bei so viel Neuausrichtung ist freilich auch die Erinnerung an die lange Tradition des Pilgerns in der Geschichte der gesamten Kirche geboten – in all ihrer Ambivalenz (*Annemarie C. Mayer*).

Die Dynamik von der Energie des Willens Gottes für ein gelingendes Leben in Frieden und Gerechtigkeit einerseits und den Möglichkeiten zur Partizipation der Christinnen und Christen andererseits, ohne dass sich diese dabei selbst überfordern oder überschätzen, sondern ihre Verantwortung – Schritt für Schritt – erkennen und wahrnehmen, war bereits bei der Gründungsversammlung des ÖRK zentrales Thema, wie *Dominik Gautier* in seiner Studie zur Versöhnungstheologie zeigen kann. Wenn durch das wachsende Bewusstsein des gemeinsamen Unterwegs-seins jene Dynamik aufgespürt wird, dann sollte dies auch und gerade in den gegenwärtigen Krisensituationen in so vielen Teilen der weltweiten *oikoumene* spürbar werden. Die Selbstverpflichtung wie die Einladung hierzu – auch an Glaubende anderer Religionen – ist von Busan aus ergangen.

Im Namen des Redaktionsteams, Ihr Fernando Enns

Der Pilgerweg der Gerechtigkeit und des Friedens

Nach dem Aufruf der 10. ÖRK-Vollversammlung in Busan/Südkorea

Olav Fykse Tveit[1]

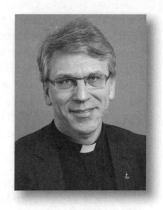

In diesem Aufsatz möchte ich mich mit dem von der 10. Vollversammlung des Ökumenischen Rates der Kirchen (ÖRK) gegebenen Auftrag befassen und einige meiner Überlegungen dazu mitteilen, was es bedeutet, uns nun zusammen auf einen Pilgerweg der Gerechtigkeit und des Friedens zu machen.

1. Die Botschaft der Vollversammlung: Schließt euch unserem Pilgerweg an!

Im Abschnitt 6 der Botschaft der Vollversammlung (VV) heißt es:

„Wir wollen den Weg gemeinsam fortsetzen. Herausgefordert durch unsere Erfahrungen in Busan rufen wir alle Menschen guten Willens dazu auf, ihre von Gott gegebenen Gaben für Handlungen einzusetzen, die verwandeln.

Diese Vollversammlung ruft euch auf, euch unserem Pilgerweg anzuschließen.

Mögen die Kirchen Gemeinschaften der Heilung und des Mitgefühls sein, und mögen wir die gute Nachricht aussäen, damit Gerechtigkeit gedeihen kann und Gottes tiefer Frieden auf der Welt bleibe."

Wir müssen bewegt werden, um uns selbst bewegen zu können. Der dreieinige Gott, der Gott des Lebens, hat uns zu einer Menschheit zusam-

[1] Pastor Dr. Olav Fykse Tveit ist seit 2010 Generalsekretär des Ökumenischen Rates der Kirchen. Zuvor war er Generalsekretär des Rates der Norwegischen Kirche für ökumenische und internationale Beziehungen (2002–2009).

mengeführt durch das Leben, das wir seit unserer Geburt und in unseren täglichen Erfahrungen leben. Der Gott des Lebens hat uns zu einer christlichen Gemeinschaft zusammengeführt durch die besondere Gabe der Taufe und des Glaubens an Jesus Christus, die uns durch die Kirche gegeben wird. Wir sind zum Zusammensein bewegt worden und uns sind neue Perspektiven gegeben worden. Darüber hinaus haben wir ein weiteres deutliches Zeichen erhalten, wie uns Gott zur Bewegung aufruft, zur gemeinsamen Bewegung, zur Bewegung aufeinander zu. Dies kann geschehen, indem wir zusammen in die Welt hinausgehen. Auf neue Weise sind wir dazu aufgerufen worden, uns zuerst auf unsere gemeinsame Berufung in dieser Welt zu konzentrieren und durch dieses Tun dann auf die Einheit, zu der Gott uns berufen hat.

Am ersten Tag nach der Versammlung in Busan besuchte ich die Kirche von Pastor Hur, dem Moderator des lokalen Gastgeberkomitees in Busan. Er berichtete, dass die VV die Kirchen in Busan dazu bewegt hat, sich auf eine neue gemeinsame Reise zu begeben, und dass sie einen ökumenischen Rat für diese Stadt gegründet haben. Sie diskutieren, wie sie den Bedürfnissen der Menschen in der Stadt auf eine neue gemeinsame Weise begegnen können. Er sagte sogar, die segensreiche Gegenwart der Teilnehmenden an der VV sei wie ein „spiritueller Tsunami" über sie gekommen. Die Demonstrationen in Busan gegen den ÖRK haben paradoxerweise bei den meisten von Pastor Hurs eher evangelikalen Kirchenmitgliedern eine größere Offenheit gegenüber der ökumenischen Gemeinschaft und unserer gemeinsamen Berufung zu Gerechtigkeit und Frieden bewirkt. Sie waren in einem positiven Sinne überwältigt. Ich hoffe und glaube, dass er einer unter vielen Teilnehmern ist – und dazu gehören auch diejenigen, die die VV so wundervoll und großzügig als Gastgeber empfangen haben – die vom Heiligen Geist durch dieses Ereignis bewegt worden sind, bewegt, um sich selbst und andere zu bewegen.

Der Erzbischof von Canterbury Justin Welby schrieb mir nach der VV, um uns zu danken für die großartige Erfahrung einer einzigartigen christlichen Gemeinschaft, die die VV für ihn gewesen ist. In seinem Bericht an die Generalsynode der *Church of England* beschrieb er dies mit Worten der Umkehr – einer Umkehr von einer großen Skepsis gegenüber einer solchen Art von Ereignissen hin zu einer neuen Erfahrung, wie Gott in Busan und durch den ÖRK die Kirchen zusammengerufen hat, um gemeinsam hinauszugehen mit dem Auftrag, zu dem uns Jesus Christus gesandt hat.
Andere haben darauf hingewiesen, wie die VV uns dazu aufgerufen hat, unsere Aufmerksamkeit auf das Leben zu richten, das Gott uns gege-

ben hat und uns und der ganzen Schöpfung weiterhin gibt, wie die Kirchen der Welt helfen können, die heilige Gabe des Lebens zu beschützen und zu hegen. Andere haben neue Fragen gestellt, was wir daraus lernen können, was wir ändern können in unserer Arbeit als Kirchen und als ÖRK, und zu anderen Themen, die später im Blick auf die VV selbst zu diskutieren sind. Manche meinten, wir hätten in der Botschaft noch viel deutlichere Worte benutzen und noch viel prophetischere und gewichtigere theologische Argumente anführen sollen. Wie auch immer, die Erfahrung und der Auftrag der Versammlung sind jetzt eine klare Herausforderung für uns, die zukünftige Rolle des ÖRK und seine Stimme nach bestem Vermögen zu gestalten.

Wie kann die Arbeit der konziliaren Ökumene uns als Kirchen in der nächsten Phase der ökumenischen Bewegung bewegen? Mit dem Bild aus dem Lukasevangelium (Kap. 1), das auch der Botschaft der VV voran steht: Wie gehen wir in das neue, aufgehende Licht, das Gott uns schenkt? Wie lässt Gott das Licht Christi in der Finsternis und im Schatten des Todes scheinen, durch uns und im Zusammensein unserer Kirchen? Wie richtet Gott unsere Füße auf den Weg des Friedens?

Ich bin mir wohl bewusst, dass mancher fragen wird, was daran nun wirklich neu sei. Ich bin überzeugt, wir werden entdecken, wie sehr wir auf dem Erreichten aufbauen und welchen Wert die Arbeit und die Entscheidungen der Vergangenheit haben. Wir werden jedoch auch feststellen, dass ein Fokus darauf, wie wir jetzt in eine neue Periode, eine neue Zeit, eine unbekannte Realität eintreten, auf einem Pilgerweg, uns offener machen und befähigen wird, andere, nach vorne gerichtete Wege gemeinsam zu finden. Ich sehe es bereits geschehen, und ich glaube, es ist unsere Aufgabe dazu beizutragen, dass es geschieht.

Ich stelle diese Fragen in demütigem Respekt vor dieser Aufgabe, so wie wir gemeinsam gerufen sind, dem ÖRK Führung zu geben in dieser vor uns liegenden Periode. Ich stelle diese Fragen auch als jemand, der die großen Möglichkeiten sieht, aber auch das Gewicht der Verantwortung spürt, die mit dieser Berufung verbunden sind. Vor allem möchte ich daran erinnern, dass der Ruf zur Einheit und zum Dienst auf dem gründet, was uns im Reich Gottes gegeben ist, nicht auf dem, was wir selbst geschaffen haben: Das Reich Gottes ist Gerechtigkeit und Friede und Freude im Heiligen Geist (Röm 14,17). Der tiefste Sinn des Lebens ist es, andere in das Leben des dreieinigen Gottes zu führen, um die schöpferischen, befreienden, bewahrenden und wahrhaft freudigen Eigenschaften des Reiches Gottes zu erfahren – für uns Menschen und die gesamte Schöpfung, in Zeit und Ewigkeit.

2. Das Mandat der Vollversammlung: Förderung des Pilgerweges

Ich möchte einige Überlegungen teilen zu dem, wie ich das Mandat der VV verstehe im Blick auf das, was wir bereits getan haben und was nun weiter zu tun ist.

a. Vom „Zusammenbleiben" zum „Gemeinsam vorangehen"

Wir haben versprochen, den Weg gemeinsam fortzusetzen. Wir müssen klären, was dies hinsichtlich Sprachgebrauch, Perspektiven, Methoden und Aufgaben bedeutet. Wir sind eine Gemeinschaft, an deren Anfang die Erklärung und Re-Affirmation standen, dass wir beieinander bleiben werden (Amsterdam 1948). Trotz aller Differenzen und internen Herausforderungen – unterschiedlichen Positionen in Konflikten, Unterschiede von Kontext, Kultur und Region – sind wir eine Gemeinschaft, die gemeinsam lernt und versteht, die manchmal gemeinsam verhandelt und sogar kämpft, offen oder in subtiler Weise. Manchmal haben wir uns mehr auf unsere eigenen Interessen konzentriert, anstatt darauf, wie der gesamten Gemeinschaft durch unsere Beiträge und Handlungen gedient werden könnte.

Wir haben lange und intensive Anstrengungen unternommen, um zu einem besseren gemeinsamen Verständnis von vielen wichtigen Themen für diese Gemeinschaft und für die Kirchen zu gelangen. Manche dieser Verständigungsprozesse waren vor der 10. VV bereits weit vorangeschritten und hatten eine neue Ebene erreicht, wie sich an den Texten über die Ekklesiologie (*Die Kirche: Auf dem Weg zu einer gemeinsamen Vision*[2]), über unseren Missionsauftrag (*Gemeinsam für das Leben: Mission und Evangelisation in sich wandelnden Kontexten*[3]), über die Ökonomie und Ökologie des Lebens, über die Diakonie, über die angemessenen Beziehungen zu Andersgläubigen (*Das christliche Zeugnis in einer multireligiösen Welt*[4]), über Migration und vielen anderen Themen zeigt. Auf der VV selbst wurde eine neue Erklärung angenommen: *Gottes Gabe und Ruf zur Einheit – und unser Engagement.*[5]

[2] Siehe: www.oikoumene.org/de/resources/documents/commissions/faith-and-order/i-unity-the-church-and-its-mission/the-church-towards-a-common-vision?set_language=de

[3] Siehe: www.oikoumene.org/de/resources/documents/commissions/mission-and-evangelism/together-towards-life-mission-and-evangelism-in-changing-landscapes?set_language=de (aufgerufen am 01.12.2014).

[4] Siehe: www.oikoumene.org/de/resources/documents/programmes/interreligious-dialogue-and-cooperation/christian-identity-in-pluralistic-societies/christian-witness-in-a-multi-religious-world?set_language=de (aufgerufen am 01.12.2014).

[5] Siehe: www.oikoumene.org/de/resources/documents/assembly/2013-busan/adopted-documents-statements/unity-statement?set_language=de (aufgerufen am 01.12.2014).

Die Botschaft der VV stimmt mit den Grundaussagen vieler dieser Dokumente überein. Sie alle rufen zum Handeln auf – zu etwas Neuem. Bei der Lektüre vieler dieser Texte fiel mir ein Wandel auf: Wie können wir uns jetzt stärker darauf konzentrieren, was wir gemeinsam tun, um etwas zu verändern? Wie können wir uns stärker darauf konzentrieren, wohin wir gehen, anstatt nur darüber zu diskutieren, wie wir als Institutionen zueinander stehen? Meiner Ansicht nach handelt es sich dabei nicht um eine Verlagerung von der Theologie hin zur Ethik, von der Ekklesiologie hin zur Politik. Es ist vielmehr der Versuch herauszufinden, auf welche Weise Gott uns heute und in der Zukunft weiter darüber unterrichtet, was es bedeutet, die eine, heilige, apostolische und katholische Kirche zu sein. Die Antworten können wir nur finden, wenn wir in diese Zukunft hineingehen im Glauben und im Gebet, dass Gott uns führen wird.

Die Entwicklung im ÖRK während der letzten Jahre, die zu der Einführung eines Konsensverfahrens geführt hat, um die angemessene Beteiligung der Orthodoxen Kirchen im ÖRK sicherzustellen, hat uns meinem Verständnis nach auf diesen Wandel vorbereitet. Der richtige Weg, um zu einem Konsens zu gelangen, ist ein Weg nach vorn, zu etwas hin, das mehr ist als das, was wir hatten – eine neue Möglichkeit, eine neue Weise, die Dinge zu sehen und zu handeln. Wenn das gelingt, handelt es sich nicht um ein statisches Machtspiel, das von dem relativen Gewicht unserer jeweiligen Position abhängt, und in dem es um die Suche nach dem kleinsten gemeinsamen Nenner geht. Es handelt sich vielmehr um einen Prozess, der uns nach vorne, in die Zukunft führt. Idealerweise ist es zugleich auch eine Bewegung, die sich an der Gründung des ÖRK orientiert, und in diesem Sinne eine Rückkehr zu unseren Wurzeln ist: zu unserem gemeinsamen Glauben an Jesus Christus als Herrn und Erlöser und zu unserer gemeinsamen Berufung zur Einheit und zum Dienst. Diese Bewegung hin zum Heil ist immer ein Weg nach vorne, ins Unbekannte, aber auch hin zu neuen Möglichkeiten, hin zu dem, was individuell und gemeinsam aus unserem Leben gemacht werden kann durch den Heiligen Geist.

Wie kann der ÖRK diese Entwicklung fördern und sicherstellen, dass wir gemeinsam vorangehen, uns gemeinsam mehr Herausforderungen stellen, miteinander teilen, und neue Wege und Mittel finden, unsere Gemeinsamkeit auszudrücken? Wie kann der ÖRK noch stärker zu einem Instrument dafür werden, wie wir als Kirchen gemeinsam handeln und voranschreiten?

b. Der Pilgerweg als Leitmotiv der ökumenischen Bewegung

Die Arbeit und das Leben vieler Menschen können auf vielfache Weise zu den Überlegungen beitragen, was ein Pilgerweg ist. Ich werde an dieser Stelle nur einige Dimensionen des Pilgerweges erörtern, die für unsere gemeinsame Arbeit relevant sind:

Auf dem Pilgerweg geht es um wahre Spiritualität und wahre Humanität. Etwas aus der Verbindung von Körper und Seele, die in einer spirituellen Dimension vereint sind, offenbart sich im Leben eines Pilgers. Die ökumenische Bewegung kann nur im Heiligen Geist voranschreiten, der schöpferisch ist und unser Leben als Körper und Seele erhält. Das Gekünstelte oder Oberflächliche ist dem Pilger fremd, er hat eine realistische Einstellung zur Spiritualität. Andererseits handelt es sich um einen Weg, der unser Leben mit allem und jedem in Gottes Schöpfung verbindet. Ich hoffe und bete, dass diese Fokussierung auf den Pilgerweg uns befähigen wird, als Menschen ehrlicher und wahrhaftiger zu sein gegenüber uns selbst und den anderen, offen für Gottes Geist, der uns leitet, so wie wir sind, in die Welt, so wie sie ist.

Pilger besuchen viele heilige Orte. Für uns als eine christliche Familie ist Jerusalem – und das gleiche gilt für Bethlehem und andere Orte im Heiligen Land – von nicht zu unterschätzender Bedeutung. Wir müssen deshalb unsere Bemühungen für ein verantwortungsbewusstes Pilgern der Besucher dieser heiligen Orte fortsetzen und ihnen beistehen, damit sie verstehen, dass diese heiligen Orte Menschen brauchen, die nicht nur für sich selbst, sondern auch für den gerechten Frieden für die dort Lebenden beten.

Damit verleihen wir der Zieldefinition unseres Pilgerweges bereits eine neue Dimension. Ein Pilgerweg der Gerechtigkeit und des Friedens muss bedeuten, dass wir beten sollten, dass Gott uns an jeden Ort führt, wo Gerechtigkeit und Frieden bedroht sind, sei es in von Konflikten heimgesuchten Länder oder in Gegenden, wo Unterdrückung und Ungerechtigkeit über Grenzen hinweg herrschen. Wir sollten dorthin nicht aus Neugier gehen, sondern mit unserer wahrhaftigen und ehrlichen Bereitschaft zur Solidarität und dem Handeln für Gerechtigkeit und Frieden.

Eine Perspektive der Pilgerschaft macht uns alle demütig und offen für Veränderung, für Buße und bereit für Neues und Besseres. Pilger sind offen für das, was sie sehen werden und lernen auf dem Weg, wie sie ihr Ziel erreichen können. Das ist eine wahrhaft ökumenische Haltung der Offenheit, aber auch eine der Suche nach den wahren und dauerhaften Werten, die uns alle zu einer besseren Welt verhelfen können.

Pilger für Gerechtigkeit und Frieden zu sein bedeutet, dass wir in Gemeinschaft sind. Niemand kann Gerechtigkeit und Frieden alleine herbei-

führen. Das macht uns offen für alle, die dieselbe Berufung und dasselbe
Ziel haben. Das macht uns offen für die Frage, was wir wirklich dazu beizutragen haben, lässt uns Rechenschaft ablegen über die grundlegendsten
und wertvollsten Dinge, die wir in unserem Glauben und unseren Liturgien mitbringen, in unseren Gebeten und in unserer Lehre; und es macht
uns offen für das, was andere beitragen.

Es besteht deshalb eine enge Verbindung zwischen den vielen Überlegungen und Empfehlungen hinsichtlich gegenseitiger Rechenschaftspflicht
in der ökumenischen Bewegung und dem Motiv des Pilgerwegs. Einander
Rechenschaft ablegen und Rechenschaftpflicht für das uns Verbindende ist
keine Sache von Texten oder gar des Unterschreibens von Erklärungen
oder Vereinbarungen, die dann eingeordnet und abgelegt werden. Das Ziel
der ökumenischen Bewegung ist es nicht, Unterschiede und Schwierigkei-
ten zu ignorieren, sondern der Begrenzung durch Definitionen und Probleme der Vergangenheit zu widerstehen. Sie muss offen dafür sein, wie
Gott uns zum Dienst aneinander befähigen kann und muss verantwortlich
sein gegenüber unserer gemeinsamen Berufung. In diesem Sinne zeigt das
Leitmotiv des Pilgerwegs eine bedeutsame Perspektive auf, mit einem gemeinsamen Ziel und gemeinsamen Werten.

*c. Der Pilgerweg als ein Thema, das all unsere Programmarbeit, Besu-
che und Beziehungen zusammenfasst*

Wir müssen Entscheidungen über unsere Programme vor dem Hintergrund unseres Verständnisses dieser Berufung zur gemeinsamen Fortsetzung des Weges treffen und sie als einen Pilgerweg der Gerechtigkeit und
des Friedens planen und organisieren. Alle Projekte müssen dazu beitragen. Alle Projekte müssen diesem Zweck dienen. Zum ersten Mal ist uns
eine vereinheitlichende Perspektive und ein Name für all unsere Hand-
lungspläne geschenkt worden. Die Idee des Pilgerweges steht nicht neben
oder jenseits von dem, was wir tun sollen, sie ist auch nicht einfach ein
rhethorisches Mittel, um Programme mit einer Überschrift zu versehen.
Sie ist Ausdruck der Sprache des Glaubens und der Hoffnung in der komplexen Wirklichkeit von heute und morgen.

Wenige Tage nach der Rückkehr aus Busan traf sich die Stabsleitungs-
gruppe (SLG), um die strategischen Ziele zu diskutieren, die wir entwickeln müssen, um dies Wirklichkeit werden zu lassen. Auf einem Treffen
des gesamten Stabes wurde diskutiert, was es für alle Programme und Mitarbeiter bedeutet – und wie ihre Arbeit dadurch bestimmt wird – ihren
Beitrag zu einem Pilgerweg der Gerechtigkeit und des Friedens zu leisten.

d. Das Pilgern als eine notwendige Form der Bewegung in einer sich rasant bewegenden Welt

Unser Verständnis, dass wir den Weg zusammen gehen müssen, erwächst aus einer zunehmend gemeinsamen Sicht auf die uns umgebende Welt, die sich rasant verändert, mit Menschen in Bewegung und Generationen im Wandel. Auch die Wahrnehmung von Kirche verändert sich. Selbst die Menschen in den Kirchen erleben bedeutsame und rasante Veränderungen – kulturelle und politische Veränderungen, wie im Nahen Osten, oder wirtschaftliche, kulturelle und demographische Veränderungen, wie in Europa und Nordamerika. Andere Kirchen kämpfen in einem von Konflikt und Ungerechtigkeit geprägten Umfeld, wie im Südsudan, in Syrien und in anderen Gebieten, in der Furcht vor sich rasch verschlechternden Bedingungen.

Diese und andere Veränderungen könnten eine defensive Reaktion des Selbstschutzes hervorrufen – eine zunehmende Beschäftigung mit sich selbst als Institution oder als eine Gemeinschaft innerhalb der umgebenden größeren Gesellschaft. Einige Kirchen sind im Wachsen begriffen, sogar in schnellem Wachstum, wie in Korea, China und in einigen afrikanischen Ländern. Auch in diesen Fällen ist es wichtig, den Fokus darauf zu richten, wie wir eine Kirche sein können, die der Welt, zu der wir gehören, dienen kann, und nicht auf unsere eigenen Erfolge oder Misserfolge zu schauen. Wie auch die Realität unserer Kirchen aussieht, wir stehen gemeinsam vor derselben Frage: Wie können wir gemeinsam Kirche sein in der Zeit und in der Welt, in der wir heute und morgen leben?

e. Der Pilgerweg als missionarische Perspektive

Wir müssen den Fokus darauf richten, wie wir hinausgehen können – und uns nicht dauernd mit uns selbst beschäftigen. Wir sind dazu aufgerufen hinauszugehen zu denen, die uns brauchen, die die Stimme und den Glauben der Kirche brauchen, der Kirchen, die gemeinsam handeln im Gebet und der Arbeit für das Reich Gottes, die die Werte des Reiches Gottes in der Welt bekannt und einflussreich machen, regional, national und global. In seinem Apostolischen Schreiben *Evangelii Gaudium* (Die Freude des Evangeliums, 24. November 2013[6]) hat Papst Franziskus in dieser Hinsicht seiner Kirche und auch den anderen Kirchen einen Weg gewiesen.

---

[6] Siehe: http://w2.vatican.va/content/francesco/de/apost_exhortations/documents/ papafrancesco_esortazione-ap_20131124_evangelii-gaudium.html (aufgerufen am 01.12.2014).

Der Text ist eine Inspiration, die Perspektive der Kirche und ihrer Arbeit auf einen mehr nach außen blickenden, nach außen gehenden Fokus hin zu verschieben: zunächst einmal darauf, wie das Evangelium und seine Werte und seine Freude in einer Welt weitergegeben werden können, die Gerechtigkeit, Frieden, Vergebung, Versöhnung und Fürsorge so sehr braucht. Seine Worte öffnen viele mögliche Türen im Hinblick darauf, was wir als Kirchen gemeinsam tun können. Ich glaube auch, dass seine Worte viele Herzen zu öffnen vermögen.

Seine Botschaft stimmt sowohl mit dem Verständnis von der Mission der Kirche überein, das in der Missionserklärung des ÖRK zum Ausdruck kommt, als auch mit dem gemeinsamen Verständnis, das in dem Text der ÖRK-Kommission für Glauben und Kirchenverfassung über die Ekklesiologie zum Ausdruck kommt, der von der gemeinsamen Mission der Kirche, ihrem gemeinsamem Dienst an der Welt, spricht.

Die gemeinsame Reflexion über diesen Text des Papstes im Stab des ÖRK erwies sich als sehr bereichernd und inspirierend im Blick auf unsere Arbeit an der Definition des Pilgerwegs der Gerechtigkeit und des Friedens. Die Worte von Papst Franziskus zur Gebetswoche für die Einheit der Christen – die explizit von dem Weg zur Einheit als einem Pilgerweg, als gemeinsamer Suche und gemeinsamem Dienst sprechen – betonen die Möglichkeiten der zukünftigen Zusammenarbeit mit der römisch-katholischen Kirche, insbesondere in der Perspektive des Pilgerwegs, von Gerechtigkeit, Frieden und Mission. Dies hat sich auch in Gesprächen bestätigt, die ich mit hochrangigen Vertretern der römisch-katholischen Kirche in den letzten Monaten geführt habe. Die Pläne zur Reorganisation der Gemeinsamen Arbeitsgruppe von ÖRK und römisch-katholischer Kirche weisen ebenfalls in diese Richtung. Sie bieten eine Gelegenheit, sich zu treffen und diese neue Phase der Zusammenarbeit genauer zu bestimmen.

3. Ein Ausblick: Das Vermächtnis Nelson Mandelas

Ich möchte meinen Ausblick auf die nahe Zukunft mit einem Hinweis auf einen ganz besonderen und bedeutsamen Teil unserer ökumenischen Vergangenheit richten: das Programm zur Bekämpfung des Rassismus und seine Verbindung mit Südafrika. Im Dezember 2013 hatte ich die Ehre, den ÖRK bei dem Gedenkgottesdienst und den Gedenkfeierlichkeiten für den verstorbenen Präsidenten Nelson Mandela in Johannesburg zu vertreten. Das war für mich eine nachdrückliche Erinnerung daran, was die von uns so oft gebrauchten Worte „Leben", „Gerechtigkeit" und „Frieden" wirklich bedeuten, wie teuer sie uns sind, wie teuer es jemanden zu stehen kommen kann, wenn er ihre Bedeutung zu verwirklichen versucht.

Ich war zu den privaten Gebeten mit der Familie Mandela eingeladen worden, die von der *Methodist Church of South Africa*, deren Mitglied Nelson Mandela war, organisiert wurden. In meinem Gedenken erinnerte ich daran, wie Mandela eine ganze Nation, eine ganze Welt und auch die Kirchen in dieser Welt zu dem Glauben daran inspiriert hat, dass es möglich ist, sich sowohl für Gerechtigkeit als auch für Frieden einzusetzen. Niemals gab er die Vision einer Freiheit in Gerechtigkeit auf, mit gleichen Rechten für alle, aufgrund der ihnen von Gott gegebenen inneren Werte. Sein Beispiel stellt auch heute eine Herausforderung dar, dafür zu kämpfen und sogar dafür zu sterben. Er hörte niemals auf, daran zu glauben, dass dies erreicht werden kann, indem man seine eigene Würde bewahrt und die Würde anderer achtet, durch Vergebung und Versöhnung. Mehr als viele andere hat er die Bedeutung der christlichen Botschaft von Gerechtigkeit und Frieden aufgezeigt, die durch die Gnade gegeben sind. Darum waren wir stolz, zu denen zu gehören, die er als echte Partner auf dem langen Weg zur Freiheit ansah. Nach seiner Entlassung aus dem Gefängnis sagte er auf der 8. VV des ÖRK in Harare, dass er ohne die Kirchen nicht freigekommen wäre. Nach dem Gebet mit der Familie Mandela drückte diese ihre Dankbarkeit gegenüber dem ÖRK und der ökumenischen Bewegung aus für ihre kritische Solidarität mit Mandela und den Freiheitskampf in Südafrika.

Die Kirchen in Südafrika waren dankbar für die Anwesenheit des ÖRK bei diesen Ereignissen und die südafrikanischen Medien brachten die enge Verbindung zwischen Mandela und der ökumenischen Bewegung deutlich zum Ausdruck. Dies ist auch eine Zeit, in der die südafrikanischen Kirchen darüber diskutieren, wie sie heute für Gerechtigkeit und Frieden für die Menschen in Südafrika und in der gesamten Region eintreten können – in einer Zeit zunehmenden wirtschaftlichen Ungleichgewichts und wachsender Gewalt und der drängenden Notwendigkeit einer auf moralische Werte gegründeten Gesellschaft und politischen Führung. Der Weg zu Gerechtigkeit und Frieden wurde gefunden dank der großartigen Führungsqualitäten Mandelas, der von der ganzen Welt nun gebührend geehrt wird, auf eine Weise, die sich keine andere politische Führungspersönlichkeit je erträumen kann. Es war schon seltsam zu beobachten, wie die mächtigsten Führer der Welt die auch von uns vertretenen Werte bejahten – jedenfalls für einen Tag.

Mandela gab seiner Autobiographie den Titel *Der lange Weg zur Freiheit*.[7] Er zeigte auf, dass der Weg zu Gerechtigkeit und Frieden, oder der

---

[7] *Nelson Mandela:* Der lange Weg zur Freiheit. Autobiographie, Frankfurt a. M. [19]2014.

Pilgerweg der Gerechtigkeit und des Friedens, wirklich ein *Weg* ist – und dass man ihn *gehen* muss. Er zeigte auch auf, dass dazu bestimmte Eigenschaften wie Widerstandsfähigkeit, Würde, gegenseitiger Respekt und gegenseitige Verantwortlichkeit gehören. Sein Vermächtnis ist Inspiration und Herausforderung für jeden, der gerufen ist, einen Pilgerweg der Gerechtigkeit und des Friedens zu gehen.

Übersetzung aus dem Englischen: Dr. Wolfgang Neumann

Behutsam mitgehen mit deinem Gott

Der Ökumenische Pilgerweg der Gerechtigkeit und des Friedens – als Neuausrichtung der Ökumenischen Bewegung

Fernando Enns[1]

> *„Es ist dir gesagt, Mensch, was gut ist und was Gott bei dir sucht:*
> *Nichts anderes als Gerechtigkeit üben, Freundlichkeit lieben*
> *und aufmerksam mitgehen mit deinem Gott."* Micha 6,8[2]

Einleitung

Die 10. Vollversammlung (VV) des Ökumenischen Rates der Kirchen (ÖRK) wird in die Geschichte der Ökumenischen Bewegung vor allem als die eingehen, die einen Weg weisenden Beschluss fasste: der ökumenische „Pilgerweg der Gerechtigkeit und des Friedens". Der Anspruch ist, hiermit einen neuen, umfassenden programmatischen Ansatz gewählt zu haben, der die vielen verschiedenen Aktivitäten und Dimensionen der ökumenischen Bewegung – insbesondere des ÖRK – in ein kohärentes Verhältnis zueinander bringt und diesen eine gemeinsame, die Einheit der Kirchen stärkende Richtung verleiht sowie für neue Beziehungen, vor allem zu anderen Religionen, öffnet.[3]

---

[1] Fernando Enns ist Professor für (Friedens-)Theologie und Ethik an der Theologischen Fakultät der Vrije Universiteit Amsterdam und Inhaber der Stiftungsdozentur der Arbeitsstelle „Theologie der Friedenskirchen" am Fachbereich Evangelische Theologie der Universität Hamburg.

[2] Übersetzung für den Deutschen Evangelischen Kirchentag, Hamburg 1995. *Jürgen Ebach* übersetzt: „...und behutsam mitgehen mit deinem Gott!" Theologische Reden 3, Bochum 1995.

[3] Vgl. *Ökumenischer Rat der Kirchen:* Bericht des Ausschusses für Programmrichtlinien (Dokument Nr. PGC01), 10. VV des ÖRK, 30. Oktober – 8. November, Busan, Südkorea.

Während der VV wurde diese Metapher des Pilgerweges allerdings in so vielfältiger Weise gebraucht, dass hier bereits warnende Stimmen laut wurden: wenn es tatsächlich nur eine neue Bezeichnung für das wäre, was im Grunde genauso fortgesetzt werden solle, und wenn der Gebrauch der Metapher beliebig bliebe, dann sei damit nichts gewonnen. Die Leistungsfähigkeit dieses neuen ökumenischen Ansatzes wird sich also erst noch erweisen müssen. Sie wird davon abhängig sein, ob es den Kirchen der Ökumene tatsächlich gelingt, (a) zu einer gemeinsamen Interpretation zu gelangen, und (b) auf diesem Wege zu einer veränderten und verändernden ökumenischen Praxis vorzudringen. Beides wird nicht ohne eine ernsthafte, breit angelegte theologische Reflexion möglich werden, die dem nicht notwendig vorangehen muss, die aber mindestens parallel zu dem neu zu beschreitenden Weg verlaufen sollte. Der Wille dazu scheint vorhanden zu sein.[4]

Im vorliegenden Beitrag soll der Prozess hin zu dieser Entscheidung der VV nachgezeichnet werden, um zu verdeutlichen, an welche ökumenischen Prozesse der jüngeren Vergangenheit hier angeschlossen wird und in welcher Hinsicht diese durch den Beschluss eine neue Ausrichtung, Deutung oder zumindest Gewichtung erfahren (können). Zum Zweiten soll dann ein Vorschlag entwickelt werden, der verschiedene Dimensionen eines solchen ökumenischen Pilgerweges der Gerechtigkeit und des Friedens aufzeigt, mit dem Ziel, erste gemeinsame inhaltliche Deutungen vorzunehmen.

I. Schritte hin zum Ökumenischen Pilgerweg – Anschluss an das Leitbild „Gerechter Friede"

I.1. Fortsetzung des Konziliaren Prozesses

Es war die 6. ÖRK-VV 1983 in Vancouver, Kanada, die einen „Konziliaren Prozess für Gerechtigkeit, Frieden und die Bewahrung der Schöpfung" initiierte und fortan alle ökumenischen Prozesse beeinflusste. Zum Einen war hiermit der Fokus gelegt auf das zentrale Zeugnis der Kirche(n) für Gerechtigkeit, Frieden und die Bewahrung der Schöpfung, sowie auf die inhaltliche Interdependenz dieser Themenfelder. Zum Zweiten war damit allerdings auch methodologisch vorgegeben, dass die ökumenische Bewegung – dem Verständnis der Mitgliedskirchen und dem Selbstverständnis

---

[4] Vgl. ebd., § 8 (im englischen Original § 10).

des ÖRK selbst entsprechend – einen konziliaren Charakter tragen wolle, der Weisheit durch gemeinsame Beratung und in gegenseitiger Verpflichtung anstrebt. Dies kann nicht anders als in Form von Prozessen geschehen. – Die Idee des neuen ökumenischen Pilgerweges greift dieses Verständnis explizit auf und setzt es fort.

I.2. „Gerechter Friede" als neues ökumenisches Paradigma ökumenischer Theologie und Sozialethik

Eine entscheidende Etappe des fortgesetzten Konziliaren Prozesses unmittelbar vor der VV in Busan war die ökumenische „Dekade zur Überwindung von Gewalt. Kirchen für Frieden und Versöhnung 2001–2010", deren Initiierung auf die 8. ÖRK-VV in Harare, Simbabwe, zurückreicht und die in der Internationalen Ökumenischen Friedenskonvokation (IEPC) 2011 in Kingston, Jamaika, gipfelte.[5] Methodologisch konnte diese Dekade auf die vorhergehende Dekade „Kirchen in Solidarität mit den Frauen" aufbauen, strebte aber bereits danach, einen umfassenden programmatischen Ansatz zu verfolgen, der dazu beitragen sollte, die Kohärenz aller ÖRK-Programme herbeizuführen, letztlich um ihnen – und somit dem ÖRK – ein deutlicheres Profil zu verschaffen. Dass dies nur ansatzweise gelang, muss hier nicht länger ausgeführt werden.[6] Festzuhalten bleibt, dass der Wille zu einer solchen Kohärenz inzwischen sehr viel ausgeprägter ist, wie der Beschluss zum Pilgerweg zeigt.

Wichtiger noch ist der inhaltliche Anschluss an die Ergebnisse jener Dekade zur Überwindung von Gewalt. An ihrem Ende zeichnete sich ein umfassender Konsens des „Gerechten Friedens" immer deutlicher als hilfreich ab, weil dieser Ansatz in der Lage zu sein scheint, nicht nur die drei Kernanliegen des Konziliaren Prozesses miteinander in Verbindung zu halten, sondern diese auch inhaltlich näher zu bestimmen. Dies zeigt sich exemplarisch in jenem „Ökumenischen Aufruf zum Gerechten Frieden",[7] der

---

[5]   Vgl. www.overcomingviolence.org (aufgerufen am 15.11.2014). Siehe auch: *Mathews George Chunakara* (ed.): Building Peace on Earth. Report of the International Ecumenical Peace Convocation. Geneva 2013.

[6]   Vgl. die ausführliche Analyse in *Fernando Enns:* Ökumene und Frieden. Theologische Anstöße aus der Friedenskirche. Theologische Anstöße Bd. 4, Neukirchen-Vluyn 2012, Kap. B, 138–262.

[7]   *Ökumenischer Rat der Kirchen:* Ein Ökumenischer Aufruf zum Gerechten Frieden; in: www.gewaltueberwinden.org (aufgerufen am 15.11.2014). Auch in: *Konrad Raiser, Ulrich Schmitthenner* (Hg.): Gerechter Friede. Ökumenische Studien Bd. 39, Münster 2012, 5–19.

als „Antwort auf eine Empfehlung der 9. VV in Porto Alegre, Brasilien (2006) entstand" und auf die Ergebnisse der Dekade aufbaut.[8] Als zentrales Dokument der IEPC wurde es dort durch ein internationales Expertenteam weiter angereichert zu einem umfangreichen „Begleitdokument".[9] Dieses diente der weiteren Vorbereitung auf die 10. VV und gab ihr entscheidend Richtung, nicht zuletzt in der Wahl des Mottos für Busan: „Gott des Lebens, weise uns den Weg zu Gerechtigkeit und Frieden."

Der „Gerechte Frieden" wird definiert als ein „kollektiver und dynamischer, doch zugleich fest verankerter Prozess …, der darauf ausgerichtet ist, dass Menschen frei von Angst und Not leben können, dass sie Feindschaft, Diskriminierung und Unterdrückung überwinden und die Voraussetzungen schaffen können für gerechte Beziehungen, die den Erfahrungen der am stärksten Gefährdeten Vorrang einräumen und die Integrität der Schöpfung achten".[10] Ausdrücklich wird darauf verwiesen, dass der „Gerechte Frieden" sich nicht einfach als eine Umkehrung oder als ein Gegenentwurf zum Konzept des „gerechten Krieges" versteht, sondern weit darüber hinausgeht: „außer Waffen zum Schweigen zu bringen, schließt er soziale Gerechtigkeit, Rechtsstaatlichkeit, Achtung der Menschenrechte und Sicherheit für alle Menschen ein."[11] Die Schriften des Alten wie des Neuen Testaments machten Gerechtigkeit zur „untrennbaren Gefährtin" des Friedens, beide, Gerechtigkeit und Frieden wiesen auf die Gestaltung von „gerechten und nachhaltigen Beziehungen in der menschlichen Gesellschaft, auf die Lebendigkeit unserer Beziehung zur Erde, das ‚Wohlbefinden' der Erde und die Bewahrung der Schöpfung hin",[12]

Im Begleitdokument wird dies ausführlich konkretisiert, so dass tatsächlich deutlich wird: hier ist der überkommene „Stil" schlichter moralischer Appelle endgültig verlassen. Der „Gerechte Frieden" wird als neues „Leitbild" in der ökumenischen Theologie selbst verankert, biblische und theologische (insbesondere ekklesiologische) Grundlagen werden erarbeitet, um diese dann in verschiedenen Dimensionen der Bewährung auszusetzen: Gerechter Frieden in kleineren Gemeinschaften, Gerechter Frieden zwischen Völkern und innerhalb von Nationen, Gerechter Frieden in ökonomischen Verhältnissen, Gerechter Frieden mit der Natur. (In Diskussio-

---

8   Ebd., § 5.
9   *ÖRK:* Ein Ökumenischer Aufruf zum Gerechten Frieden – Begleitdokument, 2. Aufl.; in: www.gewaltueberwinden.org (aufgerufen am 15.11.2014). Auch in: *Raiser, Schmitthenner,* Gerechter Friede, 21–190.
10 *ÖRK,* Ein Aufruf, §11.
11 Ebd., § 10.
12 Ebd., § 3, mit Hinweis auf Jes 32,17 und Jak 3,18.

nen, die der IEPC folgten, wird immer wieder angemahnt, dass die wichtige Dimension des Gerechten Friedens „mit sich selbst", die *intra*personale Dimension, hinzuzufügen ist). – An diese Bewährungsfelder werden alle weiteren inhaltlichen Reflexionen zu einem Ökumenischen Pilgerweg der Gerechtigkeit und des Friedens sinnvoller Weise anschließen.

Dass es nicht zur Bezeichnung „Pilgerweg des *Gerechten Friedens*" kam, ist den vehementen Anfragen einer kleinen Gruppe von Kritikern geschuldet, die – m. E. zu Recht – auf den Missbrauch des Begriffs in politischen Kreisen aufmerksam machten und zum Einen danach fragten, welches und wessen Recht und Gerechtigkeit hier gemeint sei und zum Anderen die Gefahr sahen, dass die Gerechtigkeit auf ein schwaches „Adjektiv" des Friedens reduziert werde. Während einer der offiziellen „Ökumenischen Gespräche" (*Ecumenical Conversations*) in Busan zum Gerechten Frieden konnten die unterschiedlichen Interpretationen des Sprachgebrauchs wahrgenommen werden. In der Sache selbst herrschte nach meiner Wahrnehmung dann allerdings kaum Differenz.

I.3. Die Weg-Metapher – gegen die Reduktion des „Gerechten Friedens" auf ein gesellschaftspolitisches Ziel

Innerhalb des *Ökumenischen Aufrufs zum Gerechten Frieden* zeichnet sich die Bedeutung der Weg-Metapher bereits in mehrerer Hinsicht ab, ist aber noch nicht explizit ausgearbeitet. In der Präambel heißt es: „Inspiriert durch das Beispiel Jesu von Nazareth lädt dieser Aufruf Christen und Christinnen ein, den Weg des gerechten Friedens mitzugehen."[13] Dieses *Nachfolge*motiv wird dann sogleich erweitert – man könnte auch sagen: interpretiert – durch den angemessenen größeren theologischen Rahmen der Liebes*bewegung* Gottes mit der Schöpfung, der diese Nachfolge erst ermöglicht: „Gerechter Friede ist ein Weg, der ausgerichtet ist auf Gottes Heilsplan für die Menschheit und die ganze Schöpfung, im Vertrauen darauf, dass Gott unsere Füße auf den Weg des Friedens richtet (Lk 1,79)."[14]

Auch der Begriff des „Pilgerwegs" taucht hier bereits auf: „Die christliche Pilgerreise hin zum Frieden bietet viele Möglichkeiten, sichtbare und lebensfähige Gemeinschaften für den Frieden aufzubauen. Eine Kirche, die für den Frieden betet, der Gemeinschaft dient, Geld ethisch verantwortungsvoll einsetzt, die Umwelt bewahrt und gute Beziehungen mit anderen pflegt, kann zu einem Werkzeug des Friedens werden."[15] Allerdings wird

---

[13] Ebd., Präambel.
[14] Ebd., § 12.
[15] Ebd., § 29.

hier auch eine Ambivalenz deutlich: meint man einen Weg *zum* Gerechten Frieden *hin* zu beschreiten oder doch eher, einen Weg *des* Gerechten Friedens zu gehen? Im ersten Falle wäre der Gerechte Frieden als *Ziel* des Weges benannt, zu oft als gesellschaftspolitisches Ziel reduziert oder – im anderen Extrem – eschatologisch schlicht verklärt; im zweiten Falle wäre der Gerechte Frieden tatsächlich (auch) als eine *Lebenspraxis* verstanden. Zwar tauchen hier bereits beide Dimensionen auf und bleiben wichtig, wenn der Reichtum dieser Metapher tatsächlich auch fruchtbar gemacht werden soll, doch es kommt hier zumindest zu sprachlichen Ungenauigkeiten. Jetzt wird es verstärkt darauf ankommen, diese Verhältnisbestimmungen tatsächlich einer tieferen theologischen Klärung zu unterziehen. Hierin liegt gewiss ein großes ökumenisches Klärungspotential.

I.4. Der Ökumenische Pilgerweg der Gerechtigkeit und des Friedens – als Weg der Kirchen

Während der Sitzung des ÖRK-Zentralausschusses (ZA) 2012 in Kreta, also ein Jahr nach der IEPC und ein Jahr vor der VV in Busan, kam es zu entscheidenden Vorschlägen. Im Programmausschuss (Unterausschuss des ZA) war u. a. ein Brief der Delegierten aus den Kirchen in Deutschland (EKD und Vereinigung der Deutschen Mennonitengemeinden) zu diskutieren der folgenden Vorschlag enthielt:

„Wir möchten gerne mit Euch darüber ins Gespräch kommen, inwiefern unser Zusammenhalt als Kirchen im ÖRK und unser gemeinsames Engagement für einen gerechten Frieden auf Erden durch einen Konziliaren Prozess zum Thema *Umkehr zum Leben. Gerechtigkeit und Frieden im Zeichen des Klimawandels* gestärkt werden könnte, der bis zur elften Vollversammlung andauert."[16]

Der Brief erläutert ausführlich, dass es sich bei der Klimakrise *auch* um eine spirituelle Krise handele, wie es die IEPC bereits festgehalten hatte:

„Die Umweltkrise ist eine zutiefst ethische und spirituelle Krise der Menschheit. Wir erkennen an, dass die Menschen der Erde mit ihrem Verhalten Schaden zugefügt haben und bekräftigen unser Bekenntnis zur Bewahrung der Schöpfung und zu dem Lebensstil, den uns dies abverlangt."[17]

---

[16] Brief der Delegierten aus Kirchen in Deutschland an den ÖRK-Zentralausschuss vom 28. Juni 2012 (eigenes Archiv).

[17] *Ökumenischer Rat der Kirchen:* Botschaft der Internationalen Ökumenischen Friedenskonvokation, Kingston, Jamaika 2011 („Ehre sei Gott und Friede auf Erden"); in: www.gewaltueberwinden.org (aufgerufen am 15.11.2014).

Dieser auf „Klimagerechtigkeit" fokussierte Vorschlag fand allerdings bereits im Programmausschuss keinen Konsens, da die Herausforderung des Klimawandels bei Weitem nicht in allen Teilen der Ökumene als *die* entscheidende Herausforderung der Kirchen erkannt wird. Die Diskussionen wurden hierdurch aber in entscheidende Bahnen gelenkt: (1) ein umfassender programmatischer Ansatz zur Fortsetzung der Anliegen der vorherigen Dekade zur Überwindung von Gewalt (und somit der Anschluss an „Gerechter Frieden") schien angemessen, (2) die *spirituelle* Herausforderung der gegenwärtigen Krisen sollte in Form eines „Pilgerweges" zum Ausdruck gebracht werden, (3) entscheidend sei hierbei, dass die Kirchen und der ÖRK *selbst* diesen Weg beschritten, wenn sie denn glaubwürdig werden wollten in ihren Anliegen des Gerechten Friedens. Daher müsste der angestrebte Pilgerweg der Kirchen selbst durch Gerechtigkeit und Frieden charakterisiert sein. (Der entscheidende Impuls hierzu kam von einem Delegierten aus Tansania). – Am Ende empfahl der ZA wegweisend:

- *"That the World Council of Churches launch a pilgrimage of justice and peace ... at the assembly in Busan (until the 11*[th] *assembly) for and of the churches to focus on faith commitments to economic justice (poverty and wealth), ecological justice (climate change, etc.), and peace building.*
- *That the World Council of Churches initiates a broad theological study process of the issues related to the pilgrimage of justice and peace in order to connect to the theological work on ecclesiology (undertaken by Faith and Order), unity, mission (CWME) and others within the member churches."*[18]

Die VV in Busan machte sich diesen umfassenden Vorschlag zu eigen und übernahm die Formulierungen wörtlich in ihre Programmrichtlinien.[19] Mindestens drei Gründe mögen für diesen breiten, ökumenischen Konsens ausschlaggebend geworden sein:

(a) Die zentralen Anliegen des „Gerechten Friedens" bleiben als Herausforderung an die Kirchen – in den verschiedenen Kontexten wie auch als globale ökumenische Gemeinschaft – dringlich. Mögen die Gewichtungen in den einzelnen Kontexten auch unterschiedlich ausfallen (ökonomische Gerechtigkeit, Umweltgerech-

---

18 *WCC*, Central Committee, Report of the Programme Committee (Document No. GEN PRO 10), 28 August – 5 September 2012, Kolympari, Crete, Greece, § 10, b and c.
19 Vgl. *ÖRK:* Bericht des Ausschusses für Programmrichtlinien, §§ 8–9 (im englischen Original §§ 10–12).

tigkeit, Klimagerechtigkeit, gewaltfreie Friedensbildung und restaurative Gerechtigkeit), die unmittelbaren Interdependenzen all dieser Dimensionen in einer globalisierten Welt werden von allen als Anfragen an die Einheit, die Theologie und das Zeugnis/die Mission der Kirche(n) erkannt. Daher scheint ein umfassender Ansatz wie dieser der Komplexität der Herausforderungen gerecht zu werden.

(b) Die mannigfache Wiederholung und wenig fruchtbare Polarisierung in vielen ökumenischen Diskussionen der Vergangenheit (die sich bis auf die Anfänge der neuzeitlichen Ökumenischen Bewegung in der Kommission für Glauben und Kirchenverfassung einerseits und der Bewegung für Praktisches Christentum andererseits zurückführen lässt) zwischen einer stärker an den Lehrfragen orientierten (Dialog-) Ökumene einerseits und einer stärker handlungsorientierten, sozialethisch ausgerichteten Ökumene andererseits, könnte durch einen integrativen theologischen Studienprozess endlich überwunden werden. Ein solcher Studienprozess könnte die verschiedenen Expertisen der einzelnen Kommissionen und Denkbewegungen (Einheit, Mission, Dialog, Öffentliches Zeugnis, Ökumenische Bildung) so zueinander ins Verhältnis setzen, dass eine gemeinsame Klärung darüber erfolgt, *inwiefern* die derzeitigen gesellschaftlichen Krisen und politischen wie gewaltsamen Konflikte *theologische* Anfragen an die Kirchen der Ökumene und ihr Selbstverständnis darstellen. Zu oft sind diese allein als Aufgabe für eine effiziente, politisch orientierte *advocacy*-Arbeit abgehandelt worden, was nicht nur bei VertreterInnen aus Orthodoxen Kirchen zunehmend die Sorge aufkommen ließ, dass nicht mehr erkennbar sei, inwiefern hier tatsächlich noch als Kirchen/Ökumene (im Unterschied etwa zu Nicht-Regierungs-Organisationen) agiert werde.

(c) Wenn nun verstärkt auch nach einer Vergewisserung der spirituellen Wurzeln gefragt werden soll, die das gesellschaftspolitische Handeln der Kirche(n) nicht nur motiviert, sondern hierzu geradezu auffordert und auch stärkt, dann fühlen sich vor allem jene Traditionen unmittelbar angesprochen, in deren Zentrum kirchlichen Lebens und Handelns die Liturgie steht. Darüber hinaus ist aber auch bei vielen anderen ein Bedürfnis nach tiefer spiritueller Erneuerung gewachsen, die zunehmend erkennen, dass das Handeln der Kirche in Fragen des Gerechten Friedens viel zu kurz greift und letztlich kraft- und wirkungslos bleiben muss, wenn es sich allein auf den politischen Kampf beschränkt. Die IEPC hatte den Gerechten Frieden bereits u. a. als einen „Lebensentwurf" bezeichnet, „der die Teilhabe an Gottes Liebe zur Welt widerspiegelt".[20] Der dynamische Charakter des Gerechten Friedens als *Gabe* und als *Berufung* der Kirche(n) wird in dem Beschluss zu einem gemeinsamen Pilgerweg begriffen.

Die zentrale Botschaft der VV in Busan fasst all dies in einem einzigen Aufruf an „alle Menschen guten Willens" zusammen, sich diesem Pilgerweg anzuschließen.[21]

II. Ökumene in via – transformative Spiritualität und trinitätstheologische Gründung des Gerechten Friedens

Im Folgenden soll ein erster Versuch unternommen werden, den ökumenischen Pilgerweg der Gerechtigkeit und des Friedens näher zu bestimmen, anschließend an die jüngsten Diskussionsstränge innerhalb des ÖRK:

zum Einen an die Auswertung der IEPC, die bedeutenden Eingang in den Vorbereitungsprozess auf die VV in Busan hatte (u. a. in dem VV Dokument *Erklärung über den Weg des Gerechten Friedens*), zum Zweiten an die in Busan verabschiedete neue Missionserklärung (*Gemeinsam für das Leben: Mission und Evangelisation in sich wandelnden Kontexten*) und zum Dritten an die jüngsten Debatten innerhalb des neu gewählten ZA (*Eine Einladung zum Pilgerweg der Gerechtigkeit und des Friedens*, 2014).

Im *Begleitdokument* zum Ökumenischen Aufruf des Gerechten Friedens finden sich hilfreiche Überlegungen, die deutlich machen, inwiefern der beschlossene Pilgerweg von denen, die ihn gehen wollen, selbst von Gerechtigkeit und Frieden geprägt sein will:

Gerechter Friede „heißt nicht einfach, einer Reihe von Ideen über Gottes Heilsplan für die Welt zuzustimmen. Um für und mit Gottes Frieden zu arbeiten, muss man so gesinnt sein, wie Jesus Christus es auch war (vgl. Phil 2,5) ... Um diese Gesinnung Christi für die Auferbauung des Friedens zu erlangen, ist es nötig, regelmäßig und tief die Gemeinschaft mit dem Dreieinigen Gott zu suchen und den Weg zu beschreiten, den Christus für uns gegangen ist. Diese Gegenwart in Gott ermöglicht es uns, Gottes Wirken in unserer Welt wahrzunehmen."[22]

---

[20] *ÖRK,* Botschaft der Internationalen Ökumenischen Friedenskonvokation, a. a. O.

[21] Vgl. *Ökumenischer Rat der Kirchen:* Botschaft der 10. ÖRK-Vollversammlung, Busan, Südkorea 2013 („Schließt euch unserer Pilgerreise der Gerechtigkeit und des Friedens an"); in: www.oikoumene.org (aufgerufen am 15.11.2014).

[22] *ÖRK,* Ein Ökumenischer Aufruf zum Gerechten Frieden – Begleitdokument, Kap. 2, § 59.

Dies kann – so die Überzeugung – die christliche Hoffnung (im Unterschied zu Optimismus!) wach halten: Eine Kraft, die von Gott, „dem Ursprung des Friedens und der Versöhnung", herkommt und „in das Mysterium" des Gerechten Friedens hineinzieht.[23] Es ist offensichtlich, dass das wachsende Bewusstsein der Teilhabe an „Gottes Mission der Gerechtigkeit und des Friedens (missio Dei)" die Kirchen neue Zuversicht fassen lässt, selbst zu „Gemeinschaften der Gerechtigkeit und des Friedens" werden zu können.[24] – Dies eröffnet entscheidende Gedankengänge für die weitere Diskussion zur Ekklesiologie innerhalb des ÖRK.

Schon das *Begleitdokument* versucht – in Ansätzen – den Gerechten Frieden trinitätstheologisch zu gründen: „Auf ihre eigene, begrenzte Weise spiegelt diese Spiritualität die liebenden Beziehungen zwischen den Personen des Dreieinigen Gottes wider, der seine zerbrochene Welt aufrechterhält, verwandelt und heiligt."[25] – Der ZA hat dies 2014 weiter gedacht: „Die Bewegung der Liebe, die Teil des Wesens des dreieinigen Gottes ist, wird in der Verheißung von Gerechtigkeit und Frieden offenbar."[26] Diese Überlegungen lassen sich nun weiter klären, wenn sie mit den drei unterschiedlichen Dimensionen verbunden werden, die in dem Pilgerweg der Gerechtigkeit und des Friedens in einer dynamischen Wechselwirkung zueinander stehen, wie sie der ZA nun aufgenommen hat – in Anlehnung an grundlegende Differenzierungen des „mystischen Weges" von Dorothee Sölle.[27]

II.1. via positiva – als Gesegnete starten

Im Stil von Glaubenssätzen hat die VV formuliert:

„Gemeinsam glauben wir an Gott, den Schöpfer allen Lebens. Daher bekräftigen wir, dass jeder Mensch nach dem Bilde und Gleichnis Gottes geschaffen ist … Als Gott auf wundersame Weise eine Welt schuf, die über mehr als genügend natürliche Ressourcen verfügt, um unzählige Generationen von Menschen und anderen Lebewesen

[23]   Ebd., Kap. 2, §61.
[24]   *Ökumenischer Rat der Kirchen:* Eine Einladung zum Pilgerweg der Gerechtigkeit und des Friedens, ÖRK-Zentralausschuss 2014, Genf; in: www.oikoumene.org (15.11.2014), I. Auch in: Ökumenische Rundschau 64 (1/2015), 89–98.
[25]   *ÖRK,* Ein Ökumenischer Aufruf zum Gerechten Frieden – Begleitdokument, Kap. 2, § 62.
[26]   *ÖRK,* Eine Einladung zum Pilgerweg der Gerechtigkeit und des Friedens, I.
[27]   Vgl. *Dorothee Sölle:* Mystik und Widerstand, „Du stilles Geschrei". München ⁵2003, 124 ff.

zu ernähren, hat er seine Vision eines Lebens in Fülle und Würde für alle Menschen, unabhängig von Klasse, Geschlecht, Religion, Rasse oder ethnischer Zugehörigkeit, offenbart."[28]

Den Pilgerweg der Gerechtigkeit und des Friedens beginnt die ökumenische Gemeinschaft nicht so sehr als „Suchende", sondern zuerst als „Gefundene".[29] Am Anfang steht das Staunen über die gute Schöpfung und das Bewusstwerden, ein Teil ihrer zu sein – was nichts anderes bedeutet als zu erkennen, dass wir *in-Beziehung* sind, mit Gott, mit allen Mitgeschöpfen, und mit einander – lange bevor wir selbst diese Beziehungen gestalten: nach Gottes Bild geschaffen, nach Gottes Gemeinschaft gebildet. Der Weg Gottes mit seiner Schöpfung beginnt nicht mit der Ursünde, sondern mit dem Ursegen. Dieses Staunen führt unmittelbar zum Lob Gottes, dem gemeinsamen Feiern – als natürliche Reaktion auf die „großartige Gabe des Lebens, die Schönheit der Schöpfung und die Einheit in versöhnter Vielfalt."[30] Dies hält die Vision jener Möglichkeit eines Lebens in gerechten und von Gewalt befreiten Beziehungen aufrecht, nicht nur der zwischenmenschlichen Beziehungen. Das Staunen können über das Wunder des Lebens erzeugt auch die Kraft, diese Bedingungen des Lebens in sorgsamer Haushalterschaft zu bewahren zu suchen. – Wie wäre hier eine entsprechende Schöpfungstheologie zu explizieren?

II.2. via negativa – von Macht und Gewalt befreit werden

„Gemeinsam glauben wir an Jesus Christus, den Friede-Fürst. Daher bekräftigen wir, dass die Menschheit aus Gnade mit Gott versöhnt ist, und wir sind bestrebt, versöhnt miteinander zu leben. Das Leben und die Lehre, der Tod und die Auferstehung Jesu Christi verweisen auf das friedliche Reich Gottes. Trotz Verfolgung und Leid bleibt Jesus standhaft in seiner Demut und aktiven Gewaltlosigkeit, sogar bis in den Tod. Sein Leben für Gerechtigkeit endet am Kreuz, einem Instrument der Folter und der Hinrichtung. Mit Jesu Auferstehung bekräftigt Gott, dass eine solch unerschütterliche Liebe, ein solcher Gehorsam, ein solches Vertrauen zum Leben führen. Durch die Gnade Gottes können auch wir den Weg des Kreuzes gehen, Jüngerinnen und Jünger sein und den Preis dafür bezahlen."[31]

---

[28] *ÖRK*, Erklärung über den Weg des Gerechten Friedens. 10. ÖRK-Vollversammlung, 30. Oktober – 8. November 2013, Busan, Südkorea (Dokument Nr. PIC 02.4), I.; in: www.oikoumene.org (aufgerufen am 15.11.2014).

[29] Vgl. *Sölle,* Mystik und Widerstand, 125.

[30] *ÖRK,* Eine Einladung zum Pilgerweg der Gerechtigkeit und des Friedens, IV.

[31] *ÖRK,* Erklärung über den Weg des Gerechten Friedens, I.

Gerade weil aber der Pilgerweg der Gerechtigkeit und des Friedens mit dem Gefundenwerden beginnt und nicht mit der Verbannung – im ontologischen, nicht im chronologischen Sinne – „ist das Entsetzen über die Zerstörung des Wunders radikal ... Eine mystische Spiritualität der Schöpfung wird vermutlich immer tiefer in die dunkle Nacht der Auslieferung an die Mächte und Gewalten, die uns beherrschen, geraten",[32] formuliert Sölle. Dieser Pilgerweg wird die Kirchen an Orte führen (müssen), an denen „Gottes menschgewordene Gegenwart inmitten des Leids, der Exklusion und der Diskriminierung (zu) schauen" sind.[33] Die Inkarnation Gottes gerade in der scheinbaren Gottverlassenheit zu suchen, dort wo Gewalt und Ungerechtigkeit Leben verletzt oder gar zerstört, das ist der schmerzhafte Teil dieses Pilgerweges. Ein Pilgerweg *der* Gerechtigkeit und *des* Friedens kann keine „Traumreise" sein, die an den Schrecklichkeiten und klagenden Hilflosigkeiten vorbei führt, wenn es denn ein Weg der Kirchen in der Nachfolge und Passion Jesu wird. „Jesus nachzufolgen bedeutet, ihn überall da anzutreffen, wo Menschen Opfer von Ungerechtigkeit, Gewalt und Krieg sind."[34]

Dies entspricht ganz dem Duktus der neuen Missionserklärung des ÖRK, Mission „von den Rändern" her zu denken.[35] Ja, womöglich müssen die „an den Rändern" selbst zu den entscheidenden Wegweisern der Kirchen werden, um an dieser alles entscheidenden, weil die Ökumene verändernden Dimension des Pilgerweges, nicht vorbei zu gehen: „nieder knien und den aufrechten Gang lernen" (Sölle).[36] Denn erst hier, in der Begegnung mit dem konkreten Leid, an den Orten eigener Machtlosigkeit „kann sich unser Verhältnis zu den grundlegenden Realitäten von Besitz, Gewalt und Ego" ändern:[37] Sie kann dazu führen, dass die Kirchen selbst Buße tun und sich – „in einem Prozess der Reinigung – von der Besessenheit mit Macht, Besitz, Ego und Gewalt befreien (lassen), so dass wir Christus immer ähnlicher werden".[38]

---

32 *Sölle,* Mystik und Widerstand, 127.
33 *ÖRK,* Eine Einladung zum Pilgerweg der Gerechtigkeit und des Friedens, IV.
34 Ebd., II.
35 *Ökumenischer Rat der Kirchen:* Gemeinsam für das Leben. Mission und Evangelisation in sich wandelnden Kontexten, 8. Sept 2012; in: www.oikoumene.org (aufgerufen am 15.11.2014). Abgedruckt in: *Ökumenischer Rat der Kirchen:* Textbuch 10. ÖRK-Vollversammlung Busan 2013. Genf 2013, 53–80.
36 *Dorothee Sölle* bezeichnet dies als das „Lehramt der Armen". Vgl. *Sölle,* Mystik und Widerstand, Kap. 15.2, Niederknien und den aufrechten Gang lernen: Die Theologie der Befreiung, 351–355.
37 *Sölle,* Mystik und Widerstand, 127.
38 *ÖRK,* Eine Einladung zum Pilgerweg der Gerechtigkeit und des Friedens, IV.

Das *Begleitdokument* weist auf „spirituelle Einübungen und eine geistliche Disziplin" hin, um den Gerechten Frieden im Alltag zu verkörpern, „wenn wir uns die Gesinnung Christi aneignen und ihm gleich gestaltet werden wollen".[39] Somit ist der Pilgerweg auch als ein Lernweg zu beschreiben, auf die vielen Selbst-Rechtfertigungen für das eigene Fehlverhalten zu verzichten.[40] Erst als Bußweg der Kirchen wird dieser Pilgerweg glaubwürdig. Mag sein, dass dies zur größten Herausforderung für die Ökumene wird. – Wie wäre hier eine Christologie des Gerechten Friedens zu explizieren?

II.3. via transformativa – Einswerden mit Christus und widerstehen

„Gemeinsam glauben wir an den Heiligen Geist, den Geber und Erhalter allen Lebens. Daher erkennen wir die heiligende Gegenwart Gottes in allem Leben und streben danach, Leben zu schützen und zerbrochene Leben zu heilen … wir bekunden, dass der Heilige Geist uns die Gewissheit gibt, dass der dreieinige Gott am Ende der Zeit die gesamte Schöpfung vollenden und vervollkommnen wird. Darin erkennen wir Gerechtigkeit und Frieden als Verheißung ebenso wie als Gabe …"[41]

Im Einswerden mit Christus – nicht als individuelle Verwirklichung missverstanden – sieht Sölle erst die Kraft wachsen, der Ungerechtigkeit und der Gewalt zu widerstehen. So könnten die Pilger zu „geheilten Heilerinnen" werden: „Heil heißt, dass Menschen in Compassion und Gerechtigkeit mitschöpferisch leben und, indem sie geheilt sind, das Heilenkönnen erfahren."[42] Das ist die dritte Dimension des Pilgerwegs. In der

---

[39] *ÖRK,* Ein Ökumenischer Aufruf zum Gerechten Frieden – Begleitdokument, Kap. 2, § 60:
· gemeinsame Gottesdienste zu feiern, um in dem Wort Gottes und der Eucharistie neue Kraft zu gewinnen;
· Fürbittgebete zu halten als ein Teil unserer Gesinnung, die aus dem Geist Christi erwächst;
· Vergebung zu suchen und zu gewähren, um in uns Wahrhaftigkeit zu schaffen und Raum für andere, die nach Reue suchen müssen, zu eröffnen;
· uns gegenseitig die Füße zu waschen, um die Wege des Dienens zu lernen;
· Fastenzeiten einzuhalten, um unser Konsumverhalten und unsere Beziehungen zueinander und zur Erde kritisch zu überprüfen;
· konsequente und nachhaltige Fürsorge für andere zu üben, besonders für diejenigen, die der Heilung, Befreiung und Versöhnung am meisten bedürfen;
· konsequente und nachhaltige Fürsorge für die Erde durchzuhalten.
[40] Vgl. *ÖRK,* Ein Ökumenischer Aufruf zum Gerechten Frieden, §13.
[41] *ÖRK,* Erklärung über den Weg des Gerechten Friedens, I.
[42] *Sölle,* Mystik und Widerstand, 127.

eigenen Verwandlung (der Kirchen) mag der Mut und die Stärke wachsen, „allem Bösen zu widerstehen – aller Ungerechtigkeit und aller Gewalt."[43] Nicht also in neuen Aktionsprogrammen oder neuen *advocacy*-Strategien erschöpft sich der Pilgerweg – das alles ist sinnvoll und nötig – sondern er zielt zuerst auf ein „Leben in Gott", das zu einem „achtsamen Umgang mit der Schöpfung und einer Ethik des Genug"[44] verwandelt, um den enormen ökonomischen und ökologischen Ungerechtigkeiten zu widerstehen. Diese transformative Spiritualität wird als Gabe des Heiligen Geistes begriffen, der in „alle Wahrheit" leitet (Joh 16,13). – Wie wäre hier eine Pneumatologie des Gerechten Friedens zu explizieren?

Eine präsentisch verstandene Eschatologie, die die Heilung dieser Welt und all ihrer Gebrochenheit bereits in der Gegenwart antizipiert und als Teilhabe an der großen *missio Dei* begreift, vermag den theologischen Rahmen bereit zu stellen, um die spirituellen, ethischen und theologischen Dimensionen des Pilgerwegs der Gerechtigkeit und des Friedens, in seiner trinitarischen Gründung als *via positiva, via negativa* und *via transformativa,* zusammenzudenken. Das Selbstverständnis der Ökumene wie auch der Kirchen selbst, ihrer Mission und ihres Dienstes in der Welt wird davon im Grunde nicht unberührt bleiben. – Wie wäre hier eine Ekklesiologie des Gerechten Friedens zu explizieren?

III. Schlussbemerkungen

An der VV in Busan nahmen auch viele junge Menschen teil, als Delegierte ihrer Kirchen, als Stewards, im Programm des *Global Ecumenical Theological Institute* (GETI) – ein sehr erfolgreiches begleitendes Studienprogramm zur VV. In den Gesprächen mit diesen Teilnehmenden wurde eine Klage besonders deutlich: die erlebte Diskrepanz zwischen Anspruch und Wirklichkeit der Ökumene. Die gewonnenen theoretischen Erkenntnisse zur Geschichte und Theologie der Ökumenischen Bewegung sowie die zahlreichen wertvollen und unvergesslichen Begegnungen „an den Rändern" der VV stünden im krassen Gegensatz zu der während der VV auch sichtbar werdenden institutionalisierten Ökumene. Wie sehr das „Geschäft" der Ökumene und der Kirchen ebenso von Macht, Einflussnahme, Geld, manchmal Ungerechtigkeiten geprägt ist, wirkte auf diese jungen

---

43 ÖRK, Eine Einladung zum Pilgerweg der Gerechtigkeit und des Friedens, IV.
44 Brief der Delegierten aus Kirchen in Deutschland, a. a. O.

Teilnehmenden in Teilen wenig attraktiv bis abstoßend. Man kann das abtun mit der unauflöslichen Spannung zwischen einer ökumenischen Bewegung „an den Rändern" und/oder „an der Basis" einerseits und der auf Kontinuität und gegenseitiger Rechenschaftspflicht bedachten ökumenischen Institutionen „in den Zentren". Es ist aber müßig, diese gegeneinander auszuspielen. Wichtiger wäre, die Dynamik dieser beiden Pole so in Relation zu halten, dass die Bewegungen nicht als individuelle Verwirklichungen ins Leere laufen und die kirchlichen Institutionen nicht in Ämtern, Strukturen und Verfahrensweisen erstarren.

Es steht zu hoffen, dass der nun begonnene Pilgerweg der Gerechtigkeit und des Friedens auch hierzu einen ganz entscheidenden Beitrag leisten kann, wenn er nicht schlicht als neue ökumenische Metapher relativiert wird, sondern in seiner inhaltlichen Bestimmung weiter konkretisiert – und dann tatsächlich auch gelebt wird, nicht als überfordernder Anspruch, sondern viel mehr als Lebensentwurf *im Werden*, für Einzelne wie für ganze Gemeinschaften. Die entscheidenden Impulse hierzu müssen nicht notwendiger Weise von den ökumenischen „Zentren" erwartet werden. Der Pilgerweg wird sich schlicht dort ereignen, wo Menschen ihn in der Vergebung und Nachfolge Jesu Christi gehen. Es ist zu hoffen, dass die ökumenischen/kirchlichen Institutionen von dieser Bewegung mit ergriffen werden und „behutsam mitgehen".

Der Pilgerweg der Gerechtigkeit und des Friedens: Ein ökumenisches Paradigma für unsere Zeit

Eine orthodoxe Sicht

Ioan Sauca[1]

Wie schon frühere ÖRK-Vollversammlungen, so bestätigte auch die 10. Vollversammlung in Busan, Südkorea, den ÖRK verfassungsgemäß als eine Gemeinschaft von Kirchen und bekräftigte seine theologische Vision, seine Ziele und die erneuerte Verpflichtung zu einer fortdauernden Suche nach sichtbarer Einheit. Jedoch wurden diese theologischen Dimensionen im Kontext unserer Zeit artikuliert und im Rahmen eines Paradigmas und eines Diskurses thematisiert, der für heutige Menschen aussagekräftiger ist.

1. Vom „Zusammenbleiben" zu „den Weg gemeinsam fortsetzen"

Die erste ÖRK-Vollversammlung in Amsterdam sprach die Einladung aus, „zusammenzubleiben". Dieses Paradigma blieb bis in die jüngste Zeit der grundlegende Zugang zu ökumenischen Dialogen und Begegnungen. Der Schwerpunkt lag darauf, gemeinsame theologische Aussagen zu finden und darüber Einigkeit zu erreichen, in der Hoffnung, dass wenn eine gemeinsame Grundlage einmal gefunden wäre, die Kirchen in Richtung einer volleren oder vollen Gemeinschaft aufeinander zugehen würden. Das war auch eine Zeit, in der sich Kirchen, außer zu Gesprächen über theologische Themen, zu gemeinsamem Handeln zusammenfanden, was oftmals als „christlicher Aktivismus" empfunden wurde. Ältere ÖRK-Dokumente ent-

[1] Fr. Ioan Sauca ist Priester der Rumänisch-Orthodoxen Kirche und neu ernannter stellvertretender Generalsekretär des ÖRK für ökumenische Ausbildung. Er ist außerdem Direktor und Professor für Missiologie und ökumenische Theologie am Ökumenischen Institut Bossey.

halten viele Beispiele häufig konfrontativer Auseinandersetzungen über das notwendige Gleichgewicht zwischen vertikalen und horizontalen, theologischen und gesellschaftspolitischen Anliegen.

Die gegenwärtige schwierige Situation – die nicht nur für das Zeugnis der Kirche sondern für ihre Existenz selbst eine Herausforderung darstellt – wie auch die neue Wahrnehmung der Frage von Ökumene und Einheit von seiten einer jungen Generation von Christen, bewegte die Vollversammlung (VV) in Busan zu einer Neufassung von Profil, Richtung, Paradigma und Diskurs für und über ein ökumenisches Zusammensein – zu einem Pilgerweg der Gerechtigkeit und des Friedens. Die Kirchen und alle Menschen guten Willens sind aufgerufen, sich diesem Pilgerweg anzuschließen. Und die Hauptaussage dieser Einladung lautet – im Unterschied zu dem, was seit Amsterdam vorherrschend war: „Wir haben die Absicht, gemeinsam zu gehen."

Das ist ein Wechsel vom Statischen hin zum Dynamischen, von einer auf soliden theologischen Vereinbarungen gegründeten Status-quo-Stabilität hin zu einer gemeinsamen, nach vorne gerichteten Bewegung. Die Neuheit und die Ausrichtung dieses Paradigmas provozierte Diskussionen, Anfragen und Debatten. Manche begrüßten es enthusiastisch und verpflichteten sich, sich auf diesen Pilgerweg zu begeben. Andere wiederum sind der Ansicht, das Konzept sei noch zu vage, undeutlich und verwirrend und bedürfe noch weiterer Reflexion. Wieder andere wandten ein, dem neuen Konzept fehle es an theologischer Tiefe und äußerten die Befürchtung, dass mit der Annahme des neuen Paradigmas und dem damit einhergehenden Wandel der ÖRK seine klare verfassungsgemäße Ausrichtung auf Theologie und die Suche nach der Einheit der Kirche aufgeben könnte.

Im Folgenden möchte ich nun, im Rahmen des hier Möglichen, auf die Diskussion über das neue Paradigma mit einer kurzen und prägnanten Reflexion aus orthodoxer Sicht eingehen. Als ein theologisches und ökumenisches Konzept für die junge Generation finde ich es sinnvoll, attraktiv und klar, seine Botschaft ist verständlich und nachvollziehbar. Ich sehe darin auch einen tiefen theologischen Bedeutungsgehalt, der wirklich aus den Wurzeln unseres Glaubens und unserer liturgischen und spirituellen Tradition erwächst. Es eröffnet neue Wege der Reflexion und bildet eine Grundlage für erneuerte Möglichkeiten von Offenheit, Dialog und Zusammenarbeit mit der Welt.

2. Bedeutung und Gehalt des Konzepts

Die erste Schwierigkeit rührt meiner Ansicht nach daher, dass der Begriff „Pilgerweg" von verschiedenen Personen unterschiedlich aufgefasst wird, je nach den Kontexten, in denen sie leben, und den damit verbundenen geschichtlichen Begleitumständen. Für Katholiken und Orthodoxe mag der Begriff ganz einfach eine Reise zu einem heiligen Ort bezeichnen. Für Protestanten, die den Begriff vielleicht im selben Sinne verstehen, bleibt er problematisch. Das Konzept einer Reise zu einem heiligen Ort mit der Erwartung, geistlichen und sogar heilsmäßigen „Nutzen" daraus zu ziehen, kann theologisch kontrovers sein. Gerade weil viele Kirchen bereit sind, die Einladung anzunehmen und sich auf den Pilgerweg zu begeben, ist es nötig, sich klar zu machen und besser zu verstehen, um was es hier geht. *Wohin sollen wir gehen? Welches Ziel verfolgen wir? Und welche Begleitung erwarten wir auf unserer Reise?*

Das Konzept bestimmt sich selbst näher, indem es sich definiert als Pilgerweg *„der* Gerechtigkeit und *des* Friedens". Es gab Einwände wie: Warum heißt es nicht *„zur* Gerechtigkeit und *zum* Frieden" oder *„für* Gerechtigkeit und Frieden"? Solche Fragen wurden auch in römisch-katholischen und orthodoxen Kreisen gestellt. Es ist aber bemerkenswert, dass das Paradigma des „gemeinsamen Weges" in der Gemeinsamen Erklärung wie auch in den persönlichen Bekräftigungen anlässlich des unlängst stattgefundenen historischen Zusammentreffens von Papst Franziskus und dem Ökumenischen Patriarchen Bartholomäus in Jerusalem sehr stark betont wurde.[2]

Wenn man das in Busan auf den Weg gebrachte Konzept eingehender analysiert, wird deutlich, dass das Wort „Pilgerweg" gewählt wurde, um zu vermitteln, dass es um eine gemeinsame Reise geht, und vor allem um eine Reise mit einer geistlichen Bedeutung und tiefgreifenden theologischen Konnotationen und Implikationen. Es handelt sich nicht um eine Reise zu einem heiligen geschichtlichen Ort. Es handelt sich auch nicht um eine ethische Reise, durch die sich eine Art „Aktivismus" verwirklicht. Es ist eine Reise, zu der uns Gott aufgerufen hat, um seinen Willen zu erfüllen hinsichtlich des letzten Zieles, das er für diese Welt hat. Der Hauptzweck und das Ziel unserer gemeinsamen Reise bleibt damit die Suche nach der Einheit der Christen – damit die Welt glaube angesichts der Einheit des ganzen Kosmos als des Grundes und letzten Zieles eschatologischer Erwartung.

---

[2] Gemeinsame Erklärung von Papst Franziskus und dem Ökumenischen Patriarchen Bartholomäus; siehe: http://w2.vatican.va/content/francesco/de/speeches/2014/may/documents/papa-francesco_20140525_terra-santa-dichiarazione-congiunta.html (aufgerufen am 30.10.2014)

Die grundlegende verfassungsmäßige Basis des ÖRK, die auch in der Grundsatzerklärung *Auf dem Weg zu einem gemeinsamen Verständnis und einer gemeinsamen Vision des ÖRK*[3] erneut bestätigt wurde, ist somit nicht geändert worden. Allerdings markiert Busan einen wesentlichen Unterschied: Wir werden nicht mehr so lange warten, bis wir in allen Details bezüglich unserer Einheit in theologischen Erklärungen und Aussagen übereinstimmen, um unsere gemeinsame Reise zu beginnen. Vielmehr werden wir unsere Einheit entdecken, indem wir gemeinsam Seite an Seite gehen und Zeugnis ablegen vom kommenden Gottesreich und seinen Zeichen, die sein Vorgeschmack bereits hier und jetzt sind.

Die zwei Zeichen, die wir „Gerechtigkeit und Frieden" nennen, sind das Zentrum der Seligpreisungen und der Evangelien. Gerechtigkeit und Frieden sind von Gott gegebene Gaben für die Welt. Sie sind konkrete Zeichen des kommenden Reiches, aber sie sind auch ein Vorgeschmack des Reiches, das auf konkrete Weise in der Geschichte verkörpert und lebendig werden soll – hier und jetzt. Wir sind Teilhaber an diesen Gaben und kämpfen darum, sie umzusetzen. Aber es ist Gott, der am Ende seinen Frieden und seine Gerechtigkeit bringt, und nicht wir alleine, ohne ihn. Unser Aktivismus ohne Gottes Gegenwart bleibt vergeblich. Indem wir uns zu der Reise der Gerechtigkeit und des Friedens aufmachen, werden wir Pilger auf dem Weg zum Reich Gottes und leben und vollbringen seinen Willen für die Welt. Und wir gehen miteinander auf diesem Weg, zusammen mit allen Menschen guten Willens und zusammen mit Gott, hin zu dem letzten eschatologischen Ziel, das er für diese Welt bereitet hat. Aus diesem Grund ist der Pilgerweg, den wir eingeladen sind zu beschreiten, ein Weg „*der* Gerechtigkeit und des Friedens" und nicht einer *für* oder *zu* Gerechtigkeit und Frieden.

3. Theologische, geistliche und liturgische Grundlagen des neuen Paradigmas

Von einem orthodoxen Blickwinkel her betrachtet, zeigen sich an dem vorgeschlagenen Paradigma theologische, geistliche und liturgische Aspekte, die tief in den Glaubensaussagen der Alten Kirche und ihrer lebendigen Umsetzung durch die Jahrhunderte verwurzelt sind.

---

[3] *Ökumenischer Rat der Kirchen:* Die Kirche. Auf dem Weg zu einer gemeinsamen Vision. Studie der Kommission für Glauben und Kirchenverfassung Nr. 214, Genf 2013.

In ihren Versuchen, das Mysterium des Glaubens an einen trinitarischen Gott, der in seiner Existenz als Liebe definiert wird, darzulegen und zu erklären, betonten die Kirchenväter, insbesondere St. Gregor von Nazianz[4] und St. Johannes von Damaskus[5], mit Nachdruck, dass Gott nicht statisch, sondern dynamisch ist. Er hat eine *perichoretische* Existenz. Dies drückt sich aus durch ein ewiges inneres Beisammenwohnen, eine ewige Interrelationalität und gegenseitige Durchdringung innerhalb der einen Essenz, eine immerwährende aber stets gemeinsame Bewegung, die metaphorisch sogar als göttlicher Tanz bezeichnet wird. Diese Existenz ist ein Reisen und ein gemeinsames Handeln in allen Kundgebungen von Gottes *oikonomia* für diese Welt, aber stets mit kenotischer Demut, auf den anderen weisend und ihn bestätigend. Ihre christologsch messianische Hermeneutik ermöglichte es den Kirchenvätern der Alten Kirche, in zahlreichen Passagen und Ereignissen des Alten Testaments das Wirken der Trinität zu erkennen – die stets gemeinsam handelt, in Bewegung ist und vorwärts geht. Gewöhnlich gilt der Vater als der Schöpfer, aber im Schöpfungsakt ist das Wort, der ewige Logos, ebenso gegenwärtig, da durch ihn alles geschaffen ist. Und der ewige Geist, der über den Wassern „schwebte" (Gen 1,2) war ebenso gegenwärtig. Die Erschaffung der ersten Menschen wird mit den Worten eingeleitet „Lasst uns Menschen machen" (Gen 1,26). Auf ihrem Weg nach Sodom und Gomorra werden die drei „Besucher" von Abraham und seiner Frau Sara bewirtet; dieses Ereignis wurde in der christlichen Tradition als ein weiteres geheimnisvolles Bild des trinitarischen Gottes angesehen, der sich geheimnisvoll im Alten Testament offenbart. In seiner nachdrücklichen Fürsprache für die Gerechten, die ebenfalls leiden müssten, wenn die beiden Städte zerstört würden, spricht Abraham die drei Männer wie eine Person an – „Herr, mein Herr" – und die Antwort lautet „Da sprach der Herr" (Gen 18).

Der Sohn wird Erlöser genannt, aber im Akt der Erlösung sind der Vater und der Geist, zusammen mit dem Sohn, gleichermaßen gegenwärtig und aktiv. Das Ereignis der Inkarnation des Sohnes wird sowohl in den biblischen Texten als auch in der liturgischen Hymnologie als ein Besuch, eine Bewegung, eine Herabkunft, eine Reise zu der Welt dargestellt. Gott

---

[4] Vgl. *Gregor von Nazianz:* Brief 51, Oration 30.6; Oration 31.14. (An Caledonius den Priester gegen Apollinarius; in: *Ders.:* Briefe. Eingeleitet, Bibliothek der griechischen Literatur 13, Stuttgart 1981),

[5] Vgl. des *Johannes von Damaskus* genaue Darlegung des orthodoxen Glaubens, 1.14, 3.3, 4.18 (Bibliothek der Kirchenväter, 1. Reihe, Band 44, München 1923).

war nie abwesend von der Welt, aber im Akt der Inkarnation, ohne sich vom Vater und dem Geist zu trennen, ist das Wort zu seiner Schöpfung gekommen, wurde Fleisch und nahm durch das Fleisch die ganze Welt auf, um sie zu erretten. Der Akt der Erlösung in und durch Christus geschah nicht auf eine automatische, deklarative oder statische Weise, einmalig und von außen. Im Gegenteil, er kam zustande durch den Prozess einer „gemeinsamen Reise" einer gefallenen Menschheit und Schöpfung mit Gott in der einen Person Christi. In Christus und durch Christus erlangte die gefallene Menschheit und die Schöpfung Heilung und Versöhnung am Kreuz von Golgatha und durch die Auferstehung am dritten Tage als dem Höhepunkt der ganzen Reise die Erlösung. Die gemeinsame Reise wurde fortgesetzt mit der Himmelfahrt, als die geheilte, versöhnte und verwandelte Menschheit und Schöpfung, aufgenommen im Leib Christi, zur Rechten des Vater zu sitzen kamen und so zum Bilde dessen wurden, was die Menschheit und Schöpfung zu werden berufen sind. Von dieser Perspektive aus kann man besser verstehen, wie und warum Christus der Mittler ist, der auch weiterhin auf den Weg zur Erlösung der Welt weist, zur *theosis* der Menschheit und zu einem neuen Himmel und einer neuen Erde.

Die Manifestation des Heiligen Geistes wird ebenso als Bewegung dargestellt, als ein Herabkommen, eine Fortsetzung der Reise der Erlösung. Aber der Geist kommt niemals alleine. Der fleischgewordene, gekreuzigte und auferstandene Sohn und der Vater sind ebenfalls zusammen mit dem Geist gegenwärtig. Durch den Heiligen Geist wird der trinitarische Gott in der Welt kundgegeben und gegenwärtig. Durch den Heiligen Geist ist die Kirche „voll der Trinität"[6]. Durch den Heiligen Geist wird der Mensch ein Hort der Trinität (Joh 14,23), um zusammen voranzuschreiten auf dem Weg zur Heiligung und zur Fülle des eschatologischen Reiches. Es ist wichtig darauf hinzuweisen, dass wir auf dem Weg der Heiligung nicht einfach nur Christus, der den Weg weist, folgen und ihn nachahmen; durch den Heiligen Geist unternehmen wir die Reise vielmehr in und mit Christus und ebenso in Gemeinschaft mit dem Vater. Wir sind nicht alleine. Unsere Reise ist keine zu oder für das Reich, das sich durch die Zeichen der Gerechtigkeit und des Friedens kundgibt. Vielmehr ist es eine Reise *der* Gerechtigkeit und *des* Friedens, weil Gott uns auf dem Weg führt. Es ist Gottes Handeln und Mission in der Welt und für die Welt. Wir sind nur Gottes Mitarbeiter und Mitreisende.

---

[6]   *Origines:* Selecta in Psalmos 23, Patrologia Graeca 12, 1265B.

Diese hier kurz erläuterte Theologie wird sichtbar und lebendig in der Liturgie der Orthodoxen Kirche. Sowohl die Gesänge als auch die liturgischen Gesten sind reicher Ausdruck der hier dargelegten theologischen Einsichten. Nehmen wir als Beispiel die eucharistische Liturgie des St. Johannes Chrysostomos. Ganz am Anfang wird die Gemeinde an den letztendlichen Grund und das Ziel der geistlichen Reise erinnert, auf die sie sich begibt. Die Liturgie beginnt mit dem Lobpreis des „Reiches des Vaters und des Sohnes und des Heiligen Geistes". Traditionsgemäß bleiben die orthodoxen Gläubigen während der eucharistischen Liturgie stehen; Sitzplätze sind nur für die Kranken und Alten vorgesehen. Aber selbst die Sitzenden werden oft an bestimmten Momenten gebeten zu „stehen". So zeigt sich, dass es sich um eine Gemeinde handelt, die sich auf dem Pilgerweg zum Reich befindet. Das Bild von der Pilgerreise wird an vielen Momenten deutlich.[7] Das Evangelium wird in einer Prozession vom Altar zur Gemeinde und dann wieder zurück gebracht, so wird Gottes Kommen in diese Welt durch die Inkarnation Christi kundgetan.

Die Schöpfungsgaben, repräsentiert durch die zu konsekrierenden Gaben von Brot und Wein, werden ebenfalls in einer Prozession zum Altar gebracht – von, innerhalb, im Namen und zusammen mit der versammelten Gemeinde. Die Prozession mit den Elementen der Schöpfung und die Darbringung werden von den zelebrierenden Geistlichen unter Teilnahme der Gemeinde vollbracht. In den liturgischen Gebeten dazu heißt es: „Denn den König des Alls wollen wir empfangen, der von Engelscharen unsichtbar begleitet wird." Auf unserem liturgischen Pilgerweg zu Gottes Reich sind wir nicht allein. Gott ist mit uns, in allem was wir tun.

Die Teilhabe an der Eucharistie ist der Höhepunkt der liturgischen Reise. Es ist eine innige Kommunion mit der Wirklichkeit des Gottesreiches. Obwohl die orthodoxe Kirche immer bekannt hat, dass die Eucharistie der wahre Leib und das wahre Blut Christi ist, beziehen sich die Gebete, die die Eucharistie begleiten, auf sie als einen Vorgeschmack, und lassen so Raum für eine noch größere Fülle der Kommunion mit Christus in Gottes eschatologischem Reich: „Oh Christus! Großes und heiligstes Pa-

---

[7] Für weitere Einzelheiten siehe *Alexander Schmemann:* The Eucharist, Sacrament of the Kingdom, St. Vladimir's Seminary Press, Crestwood, New York 1988, 47. Sein Buch über die geistliche Bedeutung des Fastens "Greta Lent. A School of Repentance. Its Meaning for Orthodox Christians", New York 1970 (freier Download unter www.gutenberg.org/ ebooks/36415), schildert dieses als eine Pilgerfahrt, eine Reise, ein spirituelles Voranschreiten in Richtung auf das große Ereignis der Auferstehung.

scha! Oh Weisheit, Wort und Kraft Gottes! Gib, dass wir vollkommener an Dir teilhaben am niemals endenden Tag Deines Königreiches."

Dies weist auf einen anderen wichtigen und besonderen Aspekt der patristischen Theologie hin: der Weg zu Heiligkeit und zur Kommunion mit Gott hat kein Ende, sondern ist eine fortwährende Reise. Erlösung und *theosis* sind ein Prozess; es handelt sich nicht um eine statische Errungenschaft, die, einmal erreicht, immer dieselbe bliebe. Es ist eine Reise, eine Pilgerfahrt, ein Wachsen in Gott und mit Gott. Die Bibel spricht davon, von einer Herrlichkeit zur anderen verwandelt zu werden: „Wir alle spiegeln mit enthülltem Angesicht die Herrlichkeit des Herrn wider und werden so in sein eigenes Bild verwandelt, von Herrlichkeit zu Herrlichkeit, durch den Geist des Herrn" (2. Kor 3,18). In den patristischen Schriften wird diese fortgesetzte und niemals endende Reise hin zu einer größeren Fülle der Kommunion mit Gott als *epektasis* bezeichnet, ein Begriff, der vor allem in den Schriften von St. Gregor von Nyssa[8] und St. Johannes Klimakos[9] entwickelt worden ist.

Die eucharistische Liturgie endet mit einem weiteren Bewegungsimpuls, einer Einladung zur Fortsetzung der Reise von der Kirche in die Welt hinein, um der Welt das Licht und die Erfahrung des Vorgeschmacks des Gottesreiches zu bringen. „Lasst uns in Frieden gehen. Im Namen des Herren." Die liturgische Reise in der Kirche soll ihre Fortsetzung finden in der liturgischen Reise in der Welt und für die Welt. Das ist der Pilgerweg, den wir eingeladen sind, zu gehen. Gerechtigkeit und Frieden sind die Zeichen des Reiches, von dem wir erwarten, dass es in der Welt Gestalt annimmt, mit und durch unsere Teilhabe.

c. Ökumenische Grundlagen

Es bleibt aber noch die Frage, mit wem wir uns auf diese Reise der Gerechtigkeit und des Friedens begeben sollen und in welchem Verhältnis das zu den letzten Zielen des ÖRK als einer Gemeinschaft von Kirchen steht. Aus der Perspektive der orthodoxen Theologie gibt es da eine Reihe von Abstufungen und Graden einer solchen Teilnahme.

---

[8] *Gregor von Nazianz:* Leben des Moses 2 (De vita Moysis, hg. von *Herbert Musurillo.* Gregorii Nysseni Opera, Bd. 7.1, Leiden 1964).

[9] *Johannes Klimakos:* Die Leiter zum Paradies, Regensburg 1874. Das ganze Buch ist als Leiter konzipiert, die es zur Heiligkeit aufzusteigen gilt, von Herrlichkeit zu Herrlichkeit; siehe insbesondere die Stufen 28 und 30.

Für eine christliche Gemeinschaft können streng genommen nur diejenigen, die getauft sind, gebeichtet haben und den apostolischen Glauben leben, im vollen Sinne Mitglieder der eucharistischen Gemeinschaft sein.[10] Jedoch sind die Katechumenen und die Büßenden, die nicht an der liturgischen Darbringung der Gaben von Brot und Wein teilnehmen können oder an der Eucharistie, in der Gemeinschaft willkommen, und es wird für sie am Anfang der Liturgie gebetet. Auch sie werden als Mitreisende auf dem liturgischen Pilgerweg angesehen.

Obwohl als Bedingung für die volle Gemeinschaft wiederholt die „Einheit im Glauben" und das „Bekenntnis mit einem Mund und einem Herzen" genannt werden, hat die Darbringung der Liturgie auch eine universale Dimension – „für die Einheit aller, für die Reisenden und die Kranken, um gedeihliche Witterung und um reichlichen Ertrag der Früchte der Erde". Darüber hinaus und noch deutlicher, spricht der Priester nach der Darbringung und Konsekration der Gaben von Brot und Wein die Worte: „Wir bringen Dir diesen geistlichen Dienst auch dar für die ganze Welt" (ὑπὲρ τῆς οἰκουμένης). Durch die Feier der Liturgie ist man aufgerufen, die ganze Welt mit Gottes Augen zu sehen. Das schließt jegliche Versuchung zu Sektierertum und Exklusivismus aus.

Die Liturgie, die sich in der Welt fortsetzen soll, hat ebenfalls eine universale Dimension. Sie ist da zum Dienst an der ganzen Welt, ohne Unterschiede. Doch sind in diesem Geschehen die Christen stets aufgerufen, ihre sichtbare Einheit zu entdecken, damit die Welt glaube und auf diese Weise der Pilgerweg der Gerechtigkeit und des Friedens, von dem sie sprechen und für dessen Verwirklichung sie sich einsetzen, eine noch stärkere Wirkung entfalten kann.

Zweitens schließt der von Christen eingeschlagene Pilgerweg auch die Schöpfung ein. Dieser Aspekt wird sehr stark in der orthodoxen Theologie und Liturgie betont.[11] In allen Geschehnissen der Heilsgeschichte war die Schöpfung immer aktiv beteiligt. Die Erlösung der Menschheit in Christus hat auch Folgen für die Befreiung und Verwandlung der Schöpfung. Im Eschaton wird auch die Schöpfung die *metamorphosis* eines neuen Himmels und einer neuen Erde erfahren, zusammen mit der vollständig geheilten, versöhnten und verwandelten Menschheit (Offb 21,1; Röm 8,21–22).

---

[10] Siehe insbesondere die Instruktionen des *Testamentum Domini,* Ulan Press 2012, Kap. 23, und *Hyppolitus:* Die Apostolische Überlieferung, Liturgische Lesebücher Bd. 5, Wien 1932, 20,10.

[11] Die Gesänge der Matutine an den Festen zur Geburt und der Verklärung des Herrn, die Klagelieder an Karfreitag und die Lieder zur Auferstehung sind in dieser Hinsicht sehr bedeutsam, denn sie zeigen, wie die ganze Schöpfung am Heilsgeschehen teilhat.

Der von Christen eingeschlagene Pilgerweg der Gerechtigkeit und des Friedens muss auch die Schöpfung einschließen.

Drittens führen die orthodoxe Theologie und ihre liturgischen Texte sogar zu einer noch breiteren Teilhabe und Zusammenarbeit, die alle Menschen guten Willens einschließt auf dem Weg zur Erfüllung von Gottes Plänen für diese Welt. Die drei Könige/Magi und Astrologen aus dem Osten folgten dem Stern hin zu Jesus, dem König (*kontakion der Geburt Christi*); eine samaritische und eine kanaanäische Frau erkennen Jesus als den Messias, während andere, die das Gesetz befolgen, es nicht können. Um seine Ziele für diese Welt zu erreichen, hat Gott mit und durch Menschen gewirkt, die sich nicht zu ihm bekannten oder an ihn glaubten, die aber trotzdem nach den Zeichen seines Plans handelten. Er konnte Nebukadnezar, den König von Babylon, „meinen Knecht" (Jer 27,6) und Kyrus, den König von Persien, „mein Hirte, Gesalbter" (Jes 45,1–6) nennen.

Die frühen Apologeten und Kirchenväter mussten sich zur Frage der christlichen Identität als Angehörige einer Minderheit in einem multireligösen Kontext äußern; sie artikulierten eine Theologie der Gegenwart Gottes in der ganzen Welt und unter allen Menschen mit Hilfe der Konzepte des *logos spermatikos* (Justin der Märtyrer,[12] Clemens von Alexandria,[13] St. Irenäus,[14] St. Maximus Confessor[15]) und der *logoi* der Schöpfung. Sie erkundeten die Gegenwart des Geistes und der Zeichen von Gottes Reich in den Schriften und Handlungen der Menschen und sprachen mit ihnen als „Pädagogen für Christus". Aus diesem Grund hielten die frühen orthodoxen Missionare, wenn sie das Evangelium in bestimmte Kontexte brachten, zuerst nach Zeichen des Reiches an diesen Orten und in diesen Kulturen Ausschau. Auf diese Weise verkündeten sie die Gute Nachricht des Evangeliums und erbauten die Kirche auf den bereits vorhandenen Fundamenten. Die Botschaft des Evangeliums kam als Erfüllung und nicht als etwas radikal Verdrängendes oder als etwas, das ein spirituelles Vakuum gefüllt hätte. Aus diesem Grund insistiert die orthodoxe Theologie darauf, dass alle Menschen – Gläubige und Ungläubige, Christen und Andersgläu-

---

[12] *Justin der Märtyrer:* Erste Apologie, I,5,3–4; I,46,2–4; I,44,9–10 (Frühchristliche Apologeten und Märtyrerakten, Bd. I., Bibliothek der Kirchenväter, 1. Reihe, Band 12, München 1913).

[13] *Clemens von Alexandria:* Paedagogus und Stromata (Des Clemens von Alexandreia ausgewählte Schriften, Bd. 1; Bibliothek der Kirchenväter, 2. Reihe, Band 7, Kempten, München 1934).

[14] *Irenäus:* Contra Haereses IV, 6–7; III, 12–13 (Des heiligen Irenäus fünf Bücher gegen die Häresien. Bibliothek der Kirchenväter, 1. Reihe, Band 3, München 1912).

[15] Insbesondere die Werke von *Maximus dem Confessor:* Ambigua und Fragen an Thalassius. On the Cosmic Mystery of Jesus Christ, Yonkers, NY 2003.

bige – nach dem Bilde Gottes geschaffen sind und in unterschiedlichem Maße an den Werten des Reiches teilhaben. Man muss in jedem Menschen das Antlitz Christi sehen und ist auf dieser Grundlage zu einem gemeinsamen Weg und zur Zusammenarbeit mit allen Menschen guten Willens aufgerufen, die ihren Wunsch und ihr Streben nach Gerechtigkeit und Frieden als Zeichen des Gottesreiches äußern. Die Geschichte der frühen orthodoxen Mission bietet dafür viele Beispiele.

Gott hat einen Plan für die Welt, und mit oder ohne uns wird er diesen Plan eines Tages vollenden. Gerechtigkeit und Frieden sind Wirklichkeiten, die in der Welt herrschen werden, wie er es geplant hat; die Menschen und die Schöpfung werden eines Tages vereint werden, wenn Gott in Christus alles in allem sein wird. Wir sind eingeladen an der Erreichung und Erfüllung seiner Pläne mitzuwirken und an der heilbringenden und verwandelnden Reise zum eschatologischen Königreich teilzunehmen. Es ist dies eine zutiefst spirituelle Reise. Auf diesem Weg werden wir zusammen vielleicht in größerer Fülle sowohl Gottes Wunsch und unser inneres Sehnen nach der christlichen Einheit verspüren. Auf diesen Ruf zu antworten ist kein Luxus oder eine beliebige Möglichkeit. Es ist vielmehr eine entscheidende Bedingung unserer christlichen Identität.

Übersetzung aus dem Englischen: Dr. Wolfgang Neumann

„Der Gerechtigkeit Frucht wird Friede sein"

Zu Bedeutung und Hintergrund der Friedensvision Jesaja 2,1–5

Christiane Karrer-Grube[1]

Das Bibelzitat „Schwerter zu Pflugscharen" (Jes 2,4) hat Karriere gemacht.[2] Es wurde in den verschiedensten Kontexten benutzt, um zu Abrüstung und Pazifismus aufzurufen. Selbst in nicht-christliche Texte hat es Eingang gefunden. So wurde es zum Beispiel zum Symbol der Friedensbewegung der DDR, und Michael Jackson hat es in seinem Song „Heal the World" verwendet. Dieser Vers steht jedoch in der Bibel nicht für sich selbst, er ist Teil einer Vision, die zweimal beschrieben wird: Jes 2,1–5 und Mi 4,1–5.[3] Erst im Kontext bekommt er seine spezifische Bedeutung. Die Vision und ihr biblisch-theologischer Hintergrund gehören zu den wichtigsten Zeugnissen für eine biblische Perspektive auf das Thema „Pilgerweg der Gerechtigkeit und des Friedens".

Im Folgenden werde ich den Aufbau und Inhalt der Vision beschreiben (1), ihren biblisch-theologischen Hintergrund skizzieren (2) und die Bedeutung der Vision herausarbeiten (3).

[1] Dr. Christiane Karrer-Grube ist Pastorin der Evangelisch-Lutherischen Gemeinde in Utrecht und Dozentin für Biblische Theologie an der Freien Universität Amsterdam (verbunden an das Doopsgezind Seminarium).
[2] Zur Wirkungsgeschichte, siehe *Rainer Kessler:* Micha (HThKAT), Freiburg/Basel/Wien 1999, 188–190; *Gerhard Lohfink:* „Schwerter zu Pflugscharen". Die Rezeption von Jes 2,1–5 par Mi 4,1–5 in der Alten Kirche und im Neuen Testament, in: Theologische Quartalschrift 166 (1986), 184–209.
[3] Das textgeschichtliche Verhältnis dieser Varianten ist umstritten. Wesentliche Unterschiede bestehen am Beginn (Jes 2,1 fehlt in Mi 4) und am Ende (Mi 4,4 hat keine Parallele in Jes 2; die Reaktion auf die Vision wird in Mi 4,5 und Jes 2,5 verschieden formuliert). Ich beschränke mich hier auf eine Auslegung von Jes 2,1–5 im Kontext, ohne damit ein Urteil über literarische Priorität zu fällen. Gegebenenfalls verweise ich auf die Michavariante. Zur Forschungsdiskussion, siehe *Hans Wildberger:* Jesaja (BK X/1), Neukirchen-Vluyn 1972, 78 f und *Kessler,* Micha 2, 178 f.

Die Vision Jesajas wird in den Versen Jes 2,2–4 geschildert. Sie wird gerahmt durch einen einleitenden Vers, der sie nachdrücklich identifiziert als ein „Wort", „das Jesaja, der Sohn Amoz geschaut hat über Juda und Jerusalem"(v 1),[4] und durch Vers 5, der in Form einer Selbstaufforderung auf die Vision reagiert: „Haus Jakob, kommt und lasst uns gehen im Licht JHWHs!"[5] Ich werde zunächst den Textaufbau der Vision selbst beschreiben.[6]

Zuerst wird ein Bild beschrieben: Der „Berg des Hauses JHWHs" wird fest stehen an der Spitze der Berge und wird erhöht werden über alle Hügel. Damit wird eine eingreifende Veränderung ausgedrückt, denn der Tempelberg in Jerusalem ist realiter niedriger als die umringenden Hügel und Berge. Daraufhin kommen die Völker ins Bild: „Alle Nationen werden zu ihm strömen und viele Völker werden hingehen …" (v 3 f). Es folgt ein Zitat der Völker, Mittel- und Herzstück der Vision: „Kommt und lasst uns hinaufziehen zum Berg JHWHs, zum Haus des Gottes Jakobs, damit er uns in seinen Wegen unterweise und wir auf seinen Pfaden gehen" (v 3).

Das Zitat betont die Perspektive der Völker. Sie spielen mit ihrem Sprechen und Handeln die Hauptrolle in der Vision. Die Völker kommen in Bewegung, sie gehen auf Pilgerschaft[7] zum „Berg JHWHs" und suchen dort Unterweisung. Das Gelernte wollen sie umsetzen, indem sie ihre Lebensführung danach ausrichten. Verben der Bewegung spielen in diesem Abschnitt eine zentrale Rolle. Sie bezeichnen nicht nur mehrfach den großen Zug zum Berg JHWHs (strömen, hingehen, hinaufziehen), sondern auch das Handeln der Völker (gehen auf seinen Pfaden[8]) und die Selbstaufforderung („kommt", hebräisch ebenfalls mit „gehen" gebildet).

---

[4]　In der Forschung wird die Bedeutung dieses Verses kontrovers diskutiert. Ist mit dem ‚Wort' nur die folgende Vision gemeint, oder wird mit diesem Vers ein größerer Teilabschnitt des Jesajabuches eingeleitet? Dies beeinflusst die Bedeutung der Vision nicht weiter. Wichtig ist, dass man in jedem Falle den Zusammenhang der Vision mit dem vorausgehenden Kapitel Jes 1 nicht aus den Augen verliert. Siehe dazu *Willem A. M. Beuken: Jesaja 1–12* (HThKAT), Freiburg/Basel/Wien 2003, 88 f.

[5]　Die Übersetzung folgt – soweit nichts anderes angegeben – der Zürcher Bibel. Ich verwende für den Gottesnamen jedoch das Tetragramm JHWH.

[6]　Zum Folgenden, siehe zur Stelle neben den genannten Kommentaren von Wildberger (s. Anm. 3) und Beuken (s. Anm. 4) auch die Kommentare *Joseph Blenkinsopp: Isaiah 1–39* (The Anchor Bible 19), New York u. a. 2000 und *Hugh G. M. Williamson: A Critical and Exegetical Commentary on Isaiah 1–27* (ICC), London u. a. 2006.

[7]　„Hinaufziehen" *('lh*, v 3) ist im Hebräischen der *terminus technicus* für Wallfahrt.

[8]　Entsprechend sollen sie „in seinen Wegen" unterwiesen werden.

Nach dem Zitat folgt ein betonter Neueinsatz mit „denn, fürwahr" (v 3b, *kî*). Es wird nun aus der Außenperspektive noch einmal geschildert, was geschehen wird, wobei die einzelnen Elemente zugleich konkretisiert werden:

Die Völker strömen zum Berg JHWHs – „Vom Zion wird Weisung (*tôrāh*) ausgehen und das Wort JHWHs von Jerusalem."

Die Völker suchen JHWHs Unterweisung (*jrh,* hi.) – „er wird für Recht sorgen zwischen den Nationen und vielen Völkern Recht sprechen".

Die Völker wollen gehen auf seinen Pfaden – „sie werden ihre Schwerter zu Pflugscharen schmieden und ihre Speere zu Winzermessern", „keine Nation wird gegen eine andere das Schwert erheben, und das Kriegshandwerk werden sie nicht mehr lernen".

Der Bewegung zum Berg JHWHs entspricht eine Gegenbewegung, Weisung und Wort „ziehen hinaus" (*jṣ'*). Dabei wird der Berg zum ersten Mal mit Namen genannt: Zion in Jerusalem. Nun wird auch deutlich, was mit der Unterweisung[9] am Zion konkret gemeint ist: den Völkern werden Wege gewiesen, wie sie Frieden verwirklichen können. JHWH wird für gerechte Rechtsentscheide und die Schlichtung von Konflikten sorgen. Dies ist das Fundament für eine dauerhafte Entwaffnung und eine Art ‚Rüstungskonversion'. Die Ressourcen – Eisen war ein begehrtes und seltenes Metall – werden nicht mehr für Waffen, sondern für Werkzeuge verwendet, die Anbau und Ernte von Lebensmitteln ermöglichen. Die Völker werden ihre Konflikte nicht mehr mit Gewalt austragen, mehr noch, das Kriegshandwerk wird nicht mehr erlernt werden. Auch die „geistigen Ressourcen" sind frei für andere Dinge.

Die Schilderung von Jes 2,3–4a erinnert auffallend an Dtn 17,8–11. Im Gesetz wird geboten, dass man in schwierigen Streitfällen „hinaufgehen soll" (v 8) nach Jerusalem und dort Priester und einen Richter um einen Rechtsentscheid[10] (vv 9,11) fragen soll. An ihr „Wort" (v 10) und ihre „Weisung" (Tora, v 11), die „gelehrt" wird (*jrh,* hi., vv 10 f), sollen sie sich halten und demgemäß handeln. Die Völker handeln in der Vision also so, wie die Israeliten gemäß dem Gesetz in Dtn handeln müssten.

Die inhaltliche Bestimmung von Tora als Belehrung, die Rechtsprechung und Schlichtung in Konfliktfällen möglich macht, ist wesentlich für das Verständnis der Vision. Wäre Tora im umfassenden Sinn gemeint, dann würden die Völker am Zion alle zum Religionsgesetz Israels „bekehrt" werden. Dass dies nicht gemeint ist, wird bestätigt durch den Schlussvers, den

---

[9] Das Verb (*jrh,* hi., v 3) geht auf den gleichen Wortstamm zurück wie „Tora" in v 4. Tora meint hier nicht den Pentateuch oder die Gesamtheit der mosaischen Gebote, sondern die konkrete (Rechts-)Belehrung. (Siehe auch *Wildberger, Jesaja* (Anm. 3), 84 f.

[10] *śfṭ* wie in Jes 2,4.

die Vision im Michabuch erhält: „Denn alle Völker gehen, ein jedes, im Namen des eigenen Gottes, wir aber, wir gehen im Namen des JHWHs, unseres Gottes, für immer und alle Zeit!" (Mi 4,5).

Wann wird die Vision Wirklichkeit werden? Vers 2 beginnt mit einer Zeitangabe: „in fernen Tagen". Dies verweist auf die Zukunft, jedoch nicht in einem eschatologischen oder gar apokalyptischen Sinn.[11] Es wird eine Heilszeit beschrieben, die nicht gegenwärtige Wirklichkeit ist, die jedoch auch kein jenseits der irdischen Wirklichkeit liegender Zustand ist. Dafür spricht am deutlichsten der Realismus der Vision. Die Völker leben nicht in einem Zustand vollkommener Harmonie „in einer anderen Welt", sondern es gibt offensichtlich weiterhin Konflikte. Entscheidend ist, dass eine gewaltfreie Konfliktlösung gesucht und gefunden wird. Zudem macht die Reaktion auf die Vision in v 5 deutlich, dass bereits in der Gegenwart Konsequenzen aus dem Geschauten gezogen werden können: „Haus Jakob, kommt und lasst uns gehen im Licht JHWHs!" Die Aufforderung ist eng mit der Vision verbunden und richtet sich direkt an die Hörenden. Die Anrede „Haus Jakob" korrespondiert mit der Bezeichnung des Tempels „Haus des Gottes Jakobs" (v 3). Das Stichwort „gehen" (zwei Mal hlkh) fasst wie in der Vision das geforderte Verhalten zusammen. Für die Angeredeten ist es schon jetzt möglich der Weisung Gottes entsprechend zu leben.

Sowohl in der Vision wie auch in der abschließenden Aufforderung wird menschliches Handeln beschrieben und gefordert. Diese menschliche Aktivität ist in der Vision jedoch gekoppelt an die Bereitschaft, Gottes Weisung aufzusuchen und anzuerkennen. Belehrung, Rechtsprechung und Weisung gehen von Gott aus. Die Anwesenheit von JHWHs Tora und seinem Wort auf seinem Berg, in seiner Stadt und in seinem Haus ist die Voraussetzung für das gesamte Geschehen. Dies verweist über die Vision hinaus auf die Verheißung von Jes 1,26–27.[12] Dort wird das Eingreifen Gottes verheißen, der Zion loskaufen wird durch Recht und Jerusalem wiederherstellen wird als „Stadt der Gerechtigkeit". Während Jes 1 dabei die Einsetzung menschlicher Richter und Räte nennt (ähnlich wie in Dtn 17), vermeidet die Vision es, menschliche „Mittler" zu nennen, die Gottes Weisung und Rechtsprechung zu den Völkern bringen.

---

[11] In der Tradition wurde dies häufig eschatologisch verstanden, so schon die Septuagina. Auch die Lutherbibel von 1984 übersetzt „zur letzten Zeit", ähnlich die Einheitsübersetzung: „am Ende der Tage". Der hebräische Ausdruck *'aḥărît hajjāmîm* findet sich sowohl in deutlich eschatologisch-apokalyptischem Kontext, wie zum Beispiel in Dan 2,28 und 10,14, als auch in Texten, die schlicht auf zukünftige Zeit verweisen, zum Beispiel Gen 49,1 und Num 24,14, Hos 3,5, Jer 23,20 und 49,39 und öfter.

[12] Den Zusammenhang von Jes 1,1 – 2,5 betont *Beuken*, Jesaja 1–12 (Anm. 4), 88–90.

Wesentliche Elemente der Vision – der Berg Zion, Jerusalem, Recht und Gerechtigkeit, die dort anwesend sind, die Völker, die zum Zion kommen – verweisen auf einen Vorstellungskomplex, der von größter Bedeutung ist innerhalb biblischer Theologie. Er wird häufig als „Zionstheologie" bezeichnet und spielt in vielen biblischen Texten, besonders in den Psalmen und im Buch Jesaja, eine große Rolle. Die Vision Jes 2,1–5 setzt diesen theologischen Vorstellungskomplex voraus, interpretiert ihn jedoch in ganz spezifischer Weise. Um ihre Bedeutung besser und schärfer erfassen zu können, werde ich im Folgenden einige Hauptlinien der „Zionstheologie" skizzieren.[13]

Grundlegend ist die Vorstellung, dass auf dem Zion Gott in besonderer Weise präsent ist.[15] Von dort wirkt Gott in die Welt hinein. Dies wird oft mit dem Bild vom „Thron Gottes" ausgedrückt. Als „König" der Welt „thront" Gott am Zion, die Stützen seines „Thrones" sind Gerechtigkeit und Recht.[15] Selbstverständlich bedeutet das nicht, dass Gott als auf den Zion oder Tempel begrenzt gedacht wird. In der Berufungsvision des Jesaja wird vom „Thron Gottes" gesprochen, wobei „der Saum seines Gewandes" den Tempel füllt (Jes 6,1). Der Zion wird vorgestellt als eine Art Zentrum, von dem aus die lebenserhaltende Kraft Gottes in die Welt „strömt". Diese Vorstellung trägt zum Teil mythologische Züge, Gott ist dort vom Anbeginn an, er ordnet und erhält seine Schöpfung durch seine „Gerechtigkeit".[16]

Dabei ist es wichtig sich vor Augen zu halten, dass der hebräische Begriff für „Gerechtigkeit" ($\mathit{\d{s}cedceq/\d{s}^{\partial}d\bar{a}q\bar{a}h}$) eine wesentlich umfassendere Bedeutung hat als das moderne deutsche Äquivalent.[17] $\d{S}cedceq$ meint eine universelle Kraft, die von Gott ausgeht. Sie schafft die Struktur und Ordnung, die allen Geschöpfen Lebensraum gibt und ein gutes Leben in Gemeinschaft ermöglicht. Gerechtigkeit in diesem Sinn umfasst Bereiche, die im modernen Denken oft getrennt sind: die Ordnung innerhalb der Natur genauso wie die sozialen, politischen, rechtlichen und ökonomischen Bereiche im menschlichen Zusammenleben.

---

[13]   Dies kann hier in der Tat nur eine Skizze sein. Für weitere Information, siehe z. B. *Odil H. Steck:* Jerusalemer Vorstellungen vom Frieden und ihre Abwandlungen in der Prophetie des Alten Israel, in: *Gerhard Liedke* (Hg.): Frieden – Bibel – Kirche (Studien zur Friedensforschung 9), Stuttgart 1972, 75–95. Siehe auch die Auslegung bei *Beuken,* Jesaja 1–12, (Anm. 4), 90–92.

[14]   Siehe z. B. Ps 46,5f und Ps 48,1–3.

[15]   Siehe z. B. Ps 45,6 und Ps 89,14.

[16]   Besonders eindrücklich Ps 89.

[17]   Die Bedeutung von $\d{s}cedceq/\d{s}ad\bar{a}q\bar{a}h$ ist komplex, siehe die Übersicht von *B. Johnson,* Art. $\d{s}\bar{a}daq$, in: ThWAT VII, Stuttgart 1993, 898–924.

Das Recht steht biblisch häufig in Parallele zu Gerechtigkeit. Innerhalb einer menschlichen Gemeinschaft wird die Gerechtigkeit gefördert durch weise Rechtsentscheide und Gebote, die ein gutes Zusammenleben regeln. Sie dienen unter anderem dazu, gewaltsame Konflikte zu vermeiden und Gewalt so weit wie möglich zu begrenzen. Dabei sind Recht und Gesetz der Gerechtigkeit jedoch untergeordnet, beide stehen im Dienst eines gerechten Zusammenlebens.[18] Der Bezug zur Gemeinschaft ist essentiell: „gerecht" ist, wer so lebt, dass gutes Zusammenleben in der Gemeinschaft gefördert wird.[19] Die Lebensgrundlage für alle – auch und gerade die schwächeren und nicht privilegierten – Mitglieder der Gemeinschaft muss gewährleistet sein. Daher ist ökonomische Gerechtigkeit von wesentlicher Bedeutung.

Neben Gerechtigkeit gehört Friede zu den universellen Kräften Gottes, die am Zion präsent gedacht werden und die von dort in die Welt wirken.[20] Friede – hebräisch *šālôm* – bezeichnet biblisch nicht einen Zustand der bloßen Abwesenheit von Gewalt, sondern einen Zustand umfassenden Wohlseins. Wie bei „Gerechtigkeit" werden natürliche und soziale Faktoren zusammen gesehen. *Šālôm* umfasst die Fruchtbarkeit von Boden und Vieh als Lebensgrundlage, genauso wie die Sicherheit in einer stabilen Welt. Letzteres setzt voraus, dass es keine militärische Bedrohung von außen gibt, aber auch, dass im Inneren die sozialen Verhältnisse auf Gerechtigkeit basieren. Nur so kommt jeder individuelle Mensch in den Genuss von *šālôm*, umfassendem Wohlsein. Friede und Gerechtigkeit sind biblisch eng aufeinander bezogen. Ein Leben in *šālôm* ist möglich als Folge der gerechten Ordnung, die durch Gott aufgerichtet und erhalten wird.

Das biblische Denken über Gerechtigkeit und Friede ist nicht nur umfassender, als wir in modernem Denken gewohnt sind, sondern geht auch aus von einer für uns ungewohnten Perspektive. Friede und Gerechtigkeit sind nicht durch den Menschen „machbar", sondern das Werk Gottes. Es sind die Kräfte, die von Anbeginn der Schöpfung an Leben in Fülle ermöglichen und erhalten. Ausgangspunkt dieser Perspektive ist also eine Welt, die voll Frieden und Gerechtigkeit ist, weil Gott sie so geschaffen hat. Diese Perspektive steht in Spannung zu einem Denken, das ausgeht von

---

[18] Biblische Texte reflektieren auch die Problematik, dass ein Gebot in einer konkreten Situation im Widerspruch stehen kann zur Gerechtigkeit. Dann darf und muss das Gebot übertreten werden.

[19] Dies gilt nicht nur für die menschliche Gemeinschaft, sondern auch für die Gemeinschaft mit Gott. Darum wird in biblischen Texten der „Gerechte" oft mit dem „Frommen" in Parallele gesetzt.

[20] Siehe z. B. Ps 85,11: „Gnade und Treue finden zusammen, es küssen sich Gerechtigkeit und Friede."

einer Welt, die in Unfriede ist und in der Menschen für die Herstellung von Frieden und Gerechtigkeit sorgen müssen.

Auf menschlicher Seite hat also die Erfahrung des Empfangens Priorität: Gott schenkt Friede und Gerechtigkeit. Mehr als an jedem anderen Platz erfahren Menschen das am Zion. Sie kommen zum Zion, um dort in Opfer und Gebet Gemeinschaft mit Gott zu erleben. Beschuldigte suchen Schutz und Hilfe vor drohendem Unrecht und Unheil. Priester geben Belehrung und Weisung, wie man sich in konkreten Fällen zu verhalten hat. Es finden sich sowohl in der Tora als auch in den Psalmen Zeugnisse einer regelmäßigen Wallfahrt zum Tempel auf dem Zion.

Selbstverständlich werden in biblischen Texten auch die Erfahrungen von Diskrepanz zwischen der Schöpfung voll Friede und Gerechtigkeit und einer Realität voll Chaos, Unheil, Unrecht und Gewalt zum Ausdruck gebracht. Gott wird um seine Hilfe und sein Eingreifen angerufen. Die Vorstellung ist, dass Gott dann seine Gerechtigkeit und Frieden, die in einzelnen Bereichen gestört waren, im „ursprünglichen" Zustand wiederherstellt.

Die grundsätzlich empfangende Haltung des Menschen ist jedoch nicht gleich zu setzen mit Passivität. Ein Gegensatz „aktives Handeln" versus „passives Nichtstun" greift zu kurz, um biblischem Denken gerecht zu werden. Die Verwirklichung von Gottes Gerechtigkeit ist ein dynamischer, niemals abgeschlossener Prozess innerhalb der Schöpfung. Von Menschen wird erwartet, dass sie an diesem Prozess partizipieren. Sie sind weder Ermöglichungsgrund noch „Macher" von Gerechtigkeit und Frieden, sie können und sollen jedoch positiv teilhaben an deren Bewahrung durch eine Lebensführung, die sich in allen Aspekten ausrichtet an der von Gott gegebenen Friedensordnung.[21] Diese gewinnt ja nicht zuletzt Gestalt im konkreten Zusammenleben der Gemeinschaft.[22]

Menschen, die an dem Prozess von Gerechtigkeit nicht partizipieren, können ihn empfindlich stören durch ein Verhalten, das die Gemeinschaft

---

[21] Einen besonderen Platz nimmt innerhalb dieses Prozesses der davidische König ein (siehe z. B. Ps 72). Sein Thron in Jerusalem repräsentiert in gewisser Weise den Thron Gottes. Innerhalb des traditionellen Zionskonzeptes werden durch ihn Segen, Fruchtbarkeit und göttliche Gerechtigkeit allererst in Jerusalem und Juda, aber letztendlich in der Welt vermittelt. Doch auch die Stadt Jerusalem, ihre Bevölkerung und Führungspersönlichkeiten sind von besonderer Bedeutung. Jerusalem ist die Stadt, in der Gott präsent ist. Mehr als irgend ein anderer Ort sollte sie erfüllt sein von Gerechtigkeit und Friede. Die Menschen, die dort leben, genießen den Vorzug einer besonderen Nähe und des Schutzes Gottes. Zugleich sind sie es, in deren Verhalten seine Gerechtigkeit Gestalt gewinnt.

[22] Die Propheten sprechen Judäer und Israeliten stets wieder darauf an. Doch auch in den Psalmen wird gerechtes Verhalten als Kennzeichen derjenigen genannt, die Zugang haben zum Haus Gottes, siehe z. B. Ps 15.

zerstört. Gewaltsames, unterdrückendes oder ausbeutendes Verhalten, das nicht dem Recht folgt und Mitmenschen hindert in *šālôm* zu leben, wird zu den Kräften des Chaos gerechnet, das die Schöpfung Gottes bedroht.[23] Es gehört zu den biblischen Grundbekenntnissen, dass Gott dem Chaos wehrt, um die Welt als Lebensraum für seine Geschöpfe zu bewahren. In den Psalmen wird Gott häufig gebeten einzugreifen gegen Not, gegen Unrecht und Gewalt. Das Bekenntnis „Gott ist gerecht" bezeugt, dass Gott der Gemeinschaft treu bleibt und nicht nachlässt, seine Gerechtigkeit und *šālôm* aufrecht zu erhalten. Er setzt sich ein für das Lebensfundament seines Volkes, schenkt neues Heil,[24] und verhilft unschuldig Angeklagten oder den Übervorteilten zu ihrem Recht.

In der Konsequenz dieser theologischen Vorstellungen liegt auch die Erwartung, dass Gott eingreift gegen ein die Gemeinschaft zerstörendes Verhalten von Menschen. Gott wird dann zum Beispiel aufgerufen, die „Übeltäter" zu bestrafen oder Jerusalem als Sitz seiner Gerechtigkeit zu verteidigen gegen „anstürmende" feindliche Völker.[25]

Wenn die Sprache auf die „Völker als Feinde" kommt, wird deutlich, dass der Zionstheologie eine Spannung inhärent ist. Auf der einen Seite eröffnet sie eine universale Perspektive, die die ganze Schöpfung umfasst und die innerhalb der biblischen Theologie von großer Bedeutung ist. Sie bahnt den Weg in Richtung des Glaubens an einen Gott, der für alle Lebewesen sorgt. Auf der anderen Seite zeigen viele Texte eine auf Jerusalem und das Volk von Juda zentrierte Perspektive. Gerechtigkeit und Friede werden zuerst bezogen auf die eigene Gemeinschaft in ihren Grenzen. Die Erfahrung von anderen, die das eigene Wohlsein bedrohen, wird interpretiert als „Feinde", die vernichtet oder zumindest zurückgeschlagen werden sollen. Sobald „andere" der „Chaosseite" zugerechnet werden, wird die Gefahr deutlich, die sich im Denken der Zionstheologie verbirgt. Die anderen sollen bekämpft werden, statt dass nach ihrem Lebensraum innerhalb Gottes allumfassender Gerechtigkeit gefragt wird. Die Friedensvision in Jes 2,2–5 denkt an dieser Stelle weiter und nimmt eine wesentliche Neuinterpretation der Zionstheologie vor.

---

[23] Auch die Chaoskräfte umfassen biblisch mehr als menschliches Handeln: mythologische Mächte, wie Rahab (Ps 89,10), Wasser, das droht festes Land zu fluten (das Meer, aber auch die Wasser, die Himmelsgewölbe und Erdscheibe umgeben), die Dunkelheit und die Wildnis mit ihren wilden Tieren, bis zu Krieg, Gewalt und sozialer Ungerechtigkeit.

[24] Seine *ṣᵉdāqôt* – eigentlich „(Taten der) Gerechtigkeit" – können teilweise übersetzt werden als „Heilstaten".

[25] Daraus erklärt sich die Spannung, die wir in vielen Psalmen wahrnehmen: Gottes Anwesenheit und Gerechtigkeit wird als Ort der Zuflucht und des Schutzes mit wunderschönen Bildern beschrieben. Direkt daneben jedoch kann die Bitte um Vernichtung der Feinde und Übeltäter in grausamer Bildsprache geäußert werden.

3. Zur Bedeutung der Friedensvision Jes 2,1–5

Das Fundament der Vision sind Elemente der Zionstheologie. Gott ist anwesend am Zion, durch sein Eingreifen (Jes 1,26 f) ist Gerechtigkeit und Recht anwesend in Jerusalem. Darum wird der Berg des Hauses JHWHs, ein kleiner Hügel, „höher" sein als alle Berge und Hügel. Und darum kann von dort Weisung (*tôrāh*) und sein Wort hinausgehen in die Welt. Das Verhalten der Völker entspricht dem von Menschen zu erwartenden Handeln: sie kommen zum Zion, suchen Unterweisung, empfangen Rechtsprechung und handeln dementsprechend. Auf diese Weise partizipieren sie an der Gerechtigkeit Gottes und haben teil daran, dass sie in der Welt Gestalt gewinnt im Zusammenleben der Völker.

Es wird konkret benannt, welche Schritte für die Völker von Bedeutung sind:[26] die Zerstörung von Waffen, keine gewaltsame Konfliktaustragung mehr und das Ende der intellektuellen Kriegsvorbereitung. Alle Ressourcen werden eingesetzt, um an einer guten Lebensgrundlage für Menschen zu arbeiten. „Pflugscharen" und „Winzermesser" stehen als Symbole für Anbau und Ernte, Brot und Wein. Ökonomische Gerechtigkeit ist essentieller Aspekt dieses Prozesses. Damit wird die Voraussetzung für umfassenden Frieden im biblischen Sinn geschaffen. In der Michaversion dieser Vision wird der Friede beschrieben durch eine Verheißung, die an dieser Stelle im Text eingefügt ist: „ein jeder wird unter seinem Weinstock sitzen und unter seinem Feigenbaum, und da wird keiner sein, der sie aufschreckt" (Mi 4,4). Dies war damals – und ist heute – nur möglich, wenn Steuern tragbar sind, hohe Verschuldung vermieden wird, jeder Land, bzw. eine äquivalente Lebensgrundlage besitzt und die Bedrohung durch Gewalt ausgebannt ist.

Dennoch fällt ein grundsätzlicher Unterschied auf mit der oben beschriebenen Zionstheologie. Die Vision beschreibt eine Verheißung für die Zukunft „in fernen Tagen", während in der Zionstheologie ausgegangen wird von dem, „was immer schon war", und stets weiter verwirklicht wird. Der Grund liegt in einer tiefgehenden Diskrepanzerfahrung, wie sie in Jes 1 zur Sprache gebracht wird. In Jerusalem als dem Ort, an dem Gott in besonderer Weise präsent erfahren wird, sollten auch Gerechtigkeit und Friede anwesend sein, beides ist jedoch nicht der Fall. Die Vorwürfe sind sehr schwer, sie richten sich in erster Linie an Führungspersönlichkeiten, Fürsten (1,21) und Herren (1,10), jedoch auch an das Volk (1,10). Recht

---

[26] Das berühmte Zitat „Schwerter zu Pflugscharen" beschreibt also einen Schritt innerhalb des umfassenden Prozesses der Realisierung von Gerechtigkeit, an dem Menschen partizipieren können.

und Gerechtigkeit werden dermaßen mit Füßen getreten, dass sie aus der Stadt verschwinden, „Mörder" wohnen stattdessen darin. Es herrscht Korruption, die Belange derjenigen, die ihr Recht nicht selbst vertreten können, arm oder unterdrückt sind, werden nicht berücksichtigt (1,15. 17.21.23). Gewalt statt Gerechtigkeit macht sich breit.

Jes 1 stellt innerhalb der Zionstheologie den Aspekt von Gerechtigkeit und menschlicher Partizipation zentral und radikalisiert die Kritik an den Menschen, die ihr Handeln nicht in den Dienst der Gerechtigkeit stellen. Es geht nicht mehr um einzelne Misstaten und ihre Folgen, sondern die Zerstörung der Gerechtigkeit wird so grundsätzlich erfahren, dass die wichtigste Kraft Gottes am Zion nicht mehr erfahrbar ist. Daher ist Gott selbst in seinem Heiligtum nicht mehr zugänglich, auch nicht durch Opfer und Gebete (1,11–15). Die Bewohner wiegen sich in einer Scheinsicherheit. Es gibt keinen „Heilsautomatismus", keinen automatischen Schutz Jerusalems, der unabhängig von gelebter Gerechtigkeit wäre.

Die Zionstheologie wird neu interpretiert: was „Urbild" war, die „Stadt Gottes voll Gerechtigkeit" „im Anfang" (1,21.26), durch Gott selbst aufgerichtet und geschützt, kann durch menschliches Handeln ernsthaft gefährdet werden, so dass die Erfahrung nicht mehr zugänglich ist. Gottes Gerechtigkeit selbst kann jedoch nicht zunichte gemacht werden, eben weil es *Gottes* Gerechtigkeit ist. Aus dem „Urbild" wird nun zugleich eine Verheißung für die Zukunft. Er wird seine Gerechtigkeit in Jerusalem wiederherstellen.

Die Friedensvision Jes 2,2–4 ist Teil dieser Verheißung. Wie oben beschrieben, partizipieren die Völker in idealer Weise an dem Prozess der Gestaltwerdung von Gerechtigkeit, eigentlich ganz im Sinne der Zionstheologie. Das auffallende ist jedoch, dass es eben *die Völker* sind, deren Handeln beschrieben wird, und nicht die Bewohner Jerusalems und Judas. Der Universalismus, der der Zionstheologie inhärent ist, wird hier aufgenommen und entscheidend uminterpretiert. Die Perspektive ist radikal verändert: die Völker kommen nicht als „Feinde" in den Blick, sondern als Partizipanten an dem Prozess von Gottes Gerechtigkeit.[27] Sie sind auf

---

[27] Die Besonderheit des theologischen Konzeptes in Jesaja 2,2–4 (und Micha 4) zeigt sich im Vergleich zu den letzten Kapiteln des Jesajabuches. Auch dort werden die Völker in positiver Weise mit Zion-Jerusalem in Verbindung gebracht, jedoch in einer ganz anderen Funktion. Sie sollen ihre Reichtümer nach Jerusalem bringen und deren Bevölkerung dienen: „Fremde werden deine Mauern bauen und Könige werden dir zu Diensten sein. (...) Und allzeit werden deine Tore offenstehen (...) damit man die Reichtümer der Nationen hineinbringt zu dir ..." (Jes 60,10.11). Wie anders die Vision in Jes 2! Dort ist von Reichtümern keinerlei Rede, die Völker empfangen Recht und Unterweisung, ihre Pilgerschaft dient *ihrem* Wohlergehen.

Pilgerschaft zum Zion. Da Gottes Gerechtigkeit der ganzen Welt gilt, kann und muss sie auch Gestalt gewinnen im Zusammenleben der Völker. Gerade so – durch Recht und Leben in Gerechtigkeit, nicht durch Kampfhandlungen – wird das „Chaos" in der Welt gewehrt.

Die Hörenden (oder Lesenden) und der Sprecher der Vision stehen in ihrer jeweiligen Gegenwart in der Spannung zwischen Gottes Gerechtigkeit als „Urbild" und Grund der Schöpfung einerseits und andererseits der Verheißung ihrer weltweiten Verwirklichung. Innerhalb dieser Spannung partizipieren sie an dem Prozess, in dem seine Gerechtigkeit Gestalt gewinnt. Sie sollen in Bewegung kommen und schon jetzt in der Anwesenheit JHWHs gemäß seiner Weisung leben (Jes 2,5). Sie werden als „Haus Jakob" angesprochen. Die Bezeichnung verweist zum einen auf die Verbindung zu Gesamtisrael, Jakob wird ja als Stammvater der 12 Stämme gesehen. Zum anderen verweist der Name auch auf die Genesiserzählungen über Jakob. Er ist der Gesegnete, der jedoch selbst „krumme" Wege mit Betrug und Konflikten geht. Auch dies ist im Kontext von Jes 1 zu lesen. Das Volk und besonders seine Führungskräfte waren gründlich in die Irre gegangen und hatten die Gerechtigkeit in Jerusalem zerstört. Dennoch wird ihnen zugetraut, wieder teilzuhaben am Prozess der Gerechtigkeit und als Gemeinschaft „zu gehen im Lichte JHWHs". Jedoch bleibt auffallend, dass weder Führungskräfte noch Bewohner Jerusalems eine aktive Rolle innerhalb der Vision spielen. Nur einmal wird der Bezug Gottes zu seinem Volk erwähnt, wenn vom „Haus des Gottes Jakobs" die Rede ist (2,3). Es wird betont, dass Recht und Weisung von Gott selbst ausgehen. Kein Mensch wird in eine privilegierte (Mittler-)Position gegenüber den Völkern gesetzt. Die oben beschriebene Partizipation aller Völker am Prozess der Gerechtigkeit JHWhs wird so unterstrichen.

Schluss

Die Friedensvision Jes 2,1–5 ist ein Beispiel dafür, wie biblisch-theologische Traditionen lebendig bleiben, wenn sie in der jeweiligen Gegenwart weitergedacht werden. Der Vorstellungskomplex der Zionstheologie lässt sich nicht ohne weiteres in heutiges theologisches Denken übernehmen. Dennoch können Aspekte der Vision und ihres Hintergrundes uns inspirieren auf unserem „Pilgerweg der Gerechtigkeit und des Friedens".

Die Vision einer umfassend gelebten Gerechtigkeit, die zu Frieden für die Völker führt, beschreibt auch in unserer Gegenwart eine Verheißung für die Zukunft. Wenn wir der biblischen Perspektive folgen, dann beruht diese Verheißung auf einem Fundament: Gott erhält durch seine Gerechtigkeit seit Anbeginn die Schöpfung als Lebensraum. Die Vision beschreibt daher keine irreale Hoffnung. Ihre Erfüllung wird die letztendliche Verwirklichung von Gottes Gabe sein. Auch unsere Schritte der Gerechtigkeit und des Friedens in der Gegenwart sind nicht nur die Vorwegnahme eines „noch nicht" erreichten Ziels, mit all der Anspannung und Enttäuschung, die damit einhergehen. Es sind Schritte, die getragen werden und ihre Ausrichtung bekommen durch Gottes seit Anbeginn geschenkte Gerechtigkeit.

Die Verwirklichung von Gerechtigkeit und Frieden ist kein Zustand, den wir „herstellen", sondern ein Prozess, an dem wir partizipieren können und sollen. Das Visionsbild kann uns inspirieren, über unsere Rolle in diesem Prozess nachzudenken. Versuchen wir an der Seite des Hauses Jakob selbst so gut wie möglich entsprechend der Gerechtigkeit Gottes zu leben? Oder sind wir an der Seite der Völker auf einem Pilgerweg, um in einem Konflikt die alten Muster hinter uns zu lassen und aufzubrechen? Um zusammen mit anderen den Ort zu suchen, an dem Lösungen sichtbar werden? Sind wir bereit, das eigene Verhalten zu ändern, Waffen abzulegen und allen Beteiligten Lebensraum zu gönnen? Oder befinden wir uns auf dem Zion, hören zu, vertiefen uns in die Suche nach Gerechtigkeit in einem Konflikt, vermitteln, unterweisen, helfen Wege zur Versöhnung zu finden?

Unserem modernen Denken erscheint es fremd, dass Gott selbst als derjenige gezeichnet wird, der Recht spricht und Konflikte schlichtet. Auf irgendeine Weise sind doch stets Menschen an einer Konfliktlösung beteiligt. Trotzdem kann die Vision uns erinnern, dass niemand an dem Prozess der Gerechtigkeit partizipieren kann, der denkt „die" Gerechtigkeit „in Besitz" zu haben und diese anderen aufzwingen will. Alle sind aufgefordert, zuerst zu hören und zu suchen nach der Gerechtigkeit Gottes, die Lebensraum und Wohlsein für alle Beteiligten zum Ziel hat. Wo ist für uns ein Ort, ein Moment, an dem wir die Präsenz von Gottes Leben stiftender Gerechtigkeit und Frieden erfahren können? Wir können nicht einfach die alte Vorstellung vom „Berg Gottes" übernehmen. Die Frage nach der Erfahrung wird in verschiedenen Kontexten und Konfessionen verschieden beantwortet werden. Die Vision in Jesaja erinnert uns daran, wie wichtig es ist, sich dieser Frage bewusst zu sein, wenn wir den Pilgerweg der Gerechtigkeit und des Friedens antreten.

Ökumenische Spiritualität des Friedens in Kontexten der Gewalt

Alix Lozano[1]

> *Wir stellten uns vor.*
> *Ich sagte, dass ich eine Professur an der Anden-Universität in Bogotá hätte.*
> *Zur Erläuterung setzte ich hinzu, dass ich Kolumbianer sei.*
> *Sie fragte nachdenklich: „Was ist das, Kolumbianer sein?"*
> *„Ich weiß nicht", sagte ich.*
> *„Es ist ein Glaubensakt."*
> (Jorge Luis Borges)[2]

Einleitung

Kolumbien ist ein Land mit einer großen religiösen Vielfalt. Das ist auf unterschiedliche gesellschaftliche, wirtschaftliche, politische und religiöse Faktoren zurückzuführen. In den Medien ist von ca. fünf Millionen Menschen die Rede, die nun neu in verschiedenen Kirchen und mit Hilfe verschiedener religiöser Ausdrucksformen eine Beziehung zu Gott suchen. Die Armut, die unterschiedlichen Formen der Gewalt, der bewaffnete Konflikt, die Vertreibungen, die Krise der Familie, die Arbeitslosigkeit und die allgemeine Gefährdung des Lebens sind Ursachen für eine erneute Hinwendung zur Erfahrung des Heiligen und zu verschiedenen Formen, die eigene Spiritualität inmitten der Krise zu leben.[3]

---

[1]   Alix Lozano ist mennonitische Pastorin und Theologin in Kolumbien.

[2]   *Jorge Luis Borges,* „Ulrike", in: *ders.*, Gesammelte Werke, Erzählungen 3, 1982, 19.

[3]   *Ana Mercedes Pereira S.:* Fronteras, Mujeres desplazadas y Espiritualidades para la paz. En, Religión y Fronteras, Revista Javeriana N0. 754, Bogotá, mayo 2009, 28.

Kolumbien erlebt, was man in der wissenschaftlichen Literatur einen „Langzeitkonflikt" nennt.[4] Seit den 1940er Jahren bis in die Gegenwart war und ist das Leben von vier Generationen unterschiedlichen Formen der Gewalt ausgesetzt: Zusammenstöße von bewaffneten Gruppen, gewaltsame Vertreibung, eine allgemeine Verletzung der Menschenrechte, des Rechtes auf Leben, Verlust von Grund und Boden, Auflösung der Familien, Zerstörung der sozialen Strukturen als Folgen des nicht enden wollenden Konflikts zwischen bewaffneten Gruppen und der kolumbianischen Staatsmacht.

Aber es gibt auch eine strukturelle Konfliktlage, tief verwurzelte Konflikte, die zurückzuführen sind auf (1.) die soziale Ungleichheit, d. h. auf die Art und Weise, wie in Kolumbien der Reichtum verteilt ist. Grundbesitz und der Zugang zu staatlichen Mitteln zur Schaffung von Arbeitsplätzen oder für öffentliche Dienstleistungen in den Bereichen Wohnung, Gesundheit, Bildung und Erholung sind seit jeher gesellschaftlich ungleich verteilt. Aufgrund dieser ausschließenden Praktiken ist in dieser Gesellschaft eine große Kluft zwischen Reichen und Armen entstanden. (2.) Die Abwesenheit des Staates in manchen Regionen steht in engem Zusammenhang mit der Geschichte der Konflikte in eben diesen Regionen. So ist beispielsweise Chocó eine der reichsten Regionen in biologischer Vielfalt und des Vorkommens von Gold, Uran und Wasser, aber im Blick auf die Einkommen der Menschen zugleich auch die ärmste Region Kolumbiens, weil sich dort die bewaffneten Gruppen die Herrschaft gegenseitig streitig machen.

Im Zusammenhang mit dieser komplexen und schwer zu überschauenden Lage stellen sich Fragen wie: Welche Rolle spielen Spiritualitäten bei der Schaffung einer Dynamik des Friedens und der Lösung dieser Konflikte? Wie tragen die Kirchen und andere Organisationen zur Entwicklung von Friedensprozessen bei oder, im Gegenteil, zu noch mehr Gewalt? Welche Spiritualität oder Spiritualitäten sind dem Frieden in gewalttätigen Gesellschaften wie der kolumbianischen förderlich?

Als Versuch einer zumindest teilweisen Antwort auf diese Fragen wollen wir zunächst das Verständnis der Spiritualität im Allgemeinen erörtern und uns anschließend den kolumbianischen Erfahrungen beim Einsatz und dem Aufbau von Spiritualitäten für den Frieden zuwenden.

---

[4]   Vgl. *Juan Pablo Lederach:* La imaginación moral: El arte y el alma de construir la paz, Ediciones Norma, Bogotá 2009.

1. Das Verständnis von Spiritualität(en)

Spiritualitäten sind, zunächst einmal einfach gesagt, Lebensweisen, Lebensstile, die angenommen werden in Entsprechung zu der Geisteshaltung eines Menschen. Spiritualität besteht nach Tony Brun nicht darin, „in einer bestimmten Schulrichtung von Spiritualität *äußerlich* Fortschritte zu machen, sondern eher darin, *innerlich* dem eigenen, wesentlichen Selbst zu begegnen, in jenem heiligen Land unseres eigenen Herzens. ... Spirituelles Leben besteht also nicht darin voranzukommen, um etwas zu tun oder zu erreichen, sondern in der Liebe zu wachsen in der Begegnung mit dem anderen".[5] – Spiritualität ist relational.

Leonardo Boff charakterisiert Spiritualität auf andere Weise: „Spiritualität bedeutet, in Übereinstimmung mit dem Geist zu leben, mit einem Sinn für die Dynamik des Lebens. Es handelt sich um eine Existenz, die das Leben bejaht, die es verteidigt und fördert. Ein Leben in seiner Ganzheitlichkeit, in Beziehung zu den anderen, zur Gesellschaft und zur Natur, und in seiner Innerlichkeit, mit diesem tiefen Selbst, das durch Kontemplation, Reflexion und Verinnerlichung erreicht wird."[6]

Maritze Trigos erläutert: „Spiritualitität heißt, den Glauben in der Vielfalt der Kirchen zu leben, an Jesus Christus zu glauben, mit einer klaren Option für die Opfer und die Armen im Aufbau eines wahren, umfassenden und gerechten Friedens; zu versuchen in einer Gemeinschaft der Liebe zu leben, erfüllt mit dem Licht und der Kraft des Geistes, der uns aussendet; die Gute Nachricht zu verkünden und zu verkörpern unter den Ausgegrenzten, den Armen und den Opfern. ‚Ich bin gekommen, damit sie das Leben haben und es in Fülle haben‘ (Joh 10,10)."[7]

2. Der Einfluss des Neoliberalismus auf Spiritualitäten

Die 1990er Jahre waren eine Zeit neuer Entwicklungen in der Geschichte Kolumbiens. Die neoliberale Politik und die Globalisierung setzten sich durch und die Zahl der Armen wuchs überall in der Welt. Zugleich bereicherten sich die Mittelklassen und die Reichen noch mehr aufgrund des ungehinderten Kapitalflusses. Im Kontext dieser Krise, die nicht nur

---

[5]   *Tony Brun Bessonart:* Ir más allá, Guatemala City 2003, 4.
[6]   *Leonardo Boff:* Ecología, mundialización, espiritualidad, San Pablo, Brasil, 1993, 165.
[7]   *Maritze Trigos:* Espiritualidad Ecuménica. Unveröffentlichter Aufsatz für ein Seminar der *Mujeres Ecuménicas Constructoras de Paz,* Bogotá 2014, 2.

Auswirkungen auf die Wirtschaft, sondern auch auf den familiären und zwischenmenschlichen Bereich hatte (Trennungen, alleinstehende Mütter, Mütter als Versorgerinnen der Familie, familiäre Gewalt, Gewalt gegen Frauen), die Arbeitswelt (Arbeitslosigkeit), die Politik (Korruption, Paramilitarismus, Drogenhandel, bewaffnete Konflikte), erlebten weite Teile der Gesellschaft eine Sinnkrise, eine Krise der Lebensperspektiven. Dies führte zu einer neuen Suche nach Beziehungen mit dem Heiligen, mit Kirchen, nach Glaubenserfahrungen, der New Age-Bewegung und anderen dem Transzendenten zugewandten Weltanschauungen.

So erweiterte sich die Bandbreite des Religiösen im Lande. Die pentekostalen und die neopentekostalen Kirchen wuchsen, und auf der katholischen Seite stürzte die Befreiungstheologie in eine Krise, während sich die charismatische Erneuerung einen festen Platz in der Gesellschaft eroberte.[8] Das alles lässt darauf schließen, dass Religionen keine statischen Gebilde sind, dass sie sich verändern, in dem Maße wie Menschen bzw. soziale Gruppen von politischen, wirtschaftlichen, gesellschaftlichen und ökologischen Veränderungen betroffen sind.

3. Spiritualitäten als Brücken zum Frieden

Vor diesem Hintergrund entstehen in der kolumbianischen Gesellschaft auch einige Perspektiven, die mit dazu beitragen, das Handeln und das Engagement der Kirchen sichtbar werden zu lassen: in ihrem Bemühen um eine Konvivenz, die Frieden in gegenseitigem Respekt und „Spiritualitäten des Friedens" ermöglichen könnten.

Diese Perspektiven haben erkannt, wie Gott sich in den Opfern zeigt, wie Gott in der Sprache der Ausgeschlossenen spricht, wie er sich in ihren Kämpfen für ein würdevolles Leben verkörpert. Sie haben erkannt, dass dies die Art und Weise ist, wie Gott handelt, uns anredet und uns zum Engagement ruft und verpflichtet. Dieser perspektivische „Ausgangspunkt" ist der ethische und theologische Ort, von wo aus sich erkennen lässt, was der Glaube in seiner Tiefe bedeutet und erfordert, wie er in einer engagierten Spiritualität zum Ausdruck kommt.

Im Folgenden soll anhand dreier Beispiele gezeigt werden, wie organisatorische Zusammenschlüsse und bäuerliche Gemeinschaften diese befreienden Spiritualitäten verstehen und in ihre Arbeit integriert haben, wie

---

[8] Vgl. *Ana Mercedes Pereira S.:* Espiritualidades, Desarrollo y Paz. Ed. REMPAZ-CMC, Chinauta 2006.

dies ihrem Handeln und ihrem Engagement für den Frieden eine neue Bedeutung gegeben hat: die *Grupo Ecuménico de Mujeres Constructoras de Paz* (die ökumenische Gruppe der Friedensstifterinnen), die Katholischen *Comunidades de Paz campesinas* (bäuerliche Friedensgemeinschaften) und die evangelikal-pfingstlerische *Comunidad El Garzal y Nueva Esperanza* (Gemeinschaft der Dörfer El Garzal und La Nueva Esperanza).

3.1. Ökumenische Spiritualität: Die Ökumenische Gruppe der Friedensstifterinnen

Im Jahr 2008 kamen christliche Frauen verschiedener Konfessionen in der Erkenntnis zusammen, dass es in Kolumbien, wie in anderen Teilen der Welt, in der Mehrzahl Christen sind, die in Kriegen und internen Konflikten gekämpft haben. Auch im Falle des bewaffneten Konfliktes in Kolumbien kann man nicht ignorieren, dass Religion ein zusätzlicher Faktor in dem vielfältigen Ursachengeflecht des immer wieder aufflackernden Krieges ist.

Als christliche Frauen wollen sie nach Dialogräumen suchen, in denen Versöhnung möglich ist und auf diese Weise einen Beitrag zum Friedensprozess in diesem Land leisten. In der Mehrzahl sind diese Frauen evangelikal und mennonitisch mit ursprünglich katholischen Wurzeln. Sie haben sich auf einen Weg begeben, einen Pilgerweg der Gerechtigkeit und des Friedens in der Wiederbegegnung mit dem Katholizismus, ohne dass dies einen Bruch mit ihrer gegenwärtigen evangelikalen, protestantischen oder mennonitischen Identität bedeuten würde. Es ist klar, dass sich zunächst Vertrauen und gegenseitige Offenheit entwickeln musste, um Diskussionen, gegenseitiges Verständnis, gemeinsames politisches Handeln und Teamarbeit zu erleichtern.

Mit Hilfe der Methode des „Begleiteten Dialogs"[9] (Diálogo Facilitado) erarbeiteten sie einen Entwicklungsplan zur Friedensstiftung: Transformation von Konflikten, politische Einflussnahme (Anwaltschaft) und Versöhnung. Aber dazu bedurfte es eines gemeinsamen Vorgehens mit einer gemeinsamen ökumenischen Spiritualität, die durch folgende Merkmale charakterisiert ist:

---

[9] Ein Verfahren, um mit Hilfe von Gesprächstechniken einer Gruppe von Personen zu ermöglichen, gegenseitiges Vertrauen und Verständnis zu schaffen, über alle Unterschiede hinweg, und dadurch positive Ergebnisse zu erzielen. Dialogo Democrático, un Manual para practicantes, www.oas.org/es/sap/dsdme/pubs/DIAL_%20DEMO_s.pdf, 9. (aufgerufen am 01.12.2014).

a. Die Schaffung neuer Beziehungen in Vielfalt: Die Einheit in der Vielfalt impliziert ein Streben und eine bewusste Anstrengung zur Einbeziehung der Vielfalt auf allen Ebenen, sowohl im Blick auf die Menschen wie auf die Natur.

b. Die Erneuerung von Einstellungen und Denkgewohnheiten: eine permanente Neuausrichtung, die es ermöglicht, das Bewusstsein für ein neues Verständnis, neue ethische Vorstellungen und neue umfassende Schritte zu öffnen.

c. Die Förderung der Solidarität mit anderen: ohne Trennung durch Rasse, Sprache, Geschlecht, Religion.

d. Durch die Entwicklung einer den konkreten Situationen angepassten Pädagogik: die sich inspirieren lässt von der Pädagogik Jesu gegenüber den Ausgeschlossenen, den gesellschaftlich Unsichtbaren, den Marginalisierten, den am Rande der Gesellschaft Lebenden.

e. Ein Zeichen der Versöhnung sein: Versöhnung steht im Zentrum des christlichen Glaubens und bedeutet ein Sich-Einlassen auf die Entwicklungen in Kolumbien, die bereits zu Verhandlungen über den internen bewaffneten Konflikt mit aufständischen Gruppen geführt haben. Die Absicht, Versöhnung „während der Gewalt" voranzutreiben und nicht „nach ihr", zeugt von einer veränderten Herangehensweise. Es gilt, die Gewalt als einen weiteren, zusätzlich existierenden Umstand bei der Entschärfung der Faktoren zu akzeptieren, die ursächlich für die Entstehung eben dieser Gewalt verantwortlich sind. Es geht also um eine Versöhnung, die es erlaubt Bedingungen zu schaffen, in denen die Subjekte (Opfer, Aggressoren, der Staat und die Gesellschaft in ihrer Gesamtheit) Fortschritte machen können in der Überwindung der Gewalt wie auch beim Wiederaufbau des Zerstörten.

Diese Spiritualität lässt sich folgendermaßen zusammenfassen: „Sie ist ein Raum der Artikulation und Koordination zur Beobachtung und Analyse, der Wachsamkeit und der Anzeige von Situationen und Taten, die die Würde des Lebens negieren, mit dem Ziel der Wahrung aller Menschenrechte. Sie ist Engagement angesichts diskriminierender Armut und Ungerechtigkeit, um eine positive öffentliche Meinung für die Bekämpfung der Ursachen zu erzeugen."[10] Mit anderen Worten: öffentlich Einfluss zu nehmen für einen sozialen Wandel.

Die *Grupo Ecuménico Mujeres Constructoras de Paz* hat das Ziel, eine ökumenische Spiritualität aufzubauen, und setzt sich deshalb intensiv

---

[10] *Trigos:* Espiritualidad Ecuménica, 2.

für neue Beziehungen in der Vielfalt ein, für die Erneuerung von Haltungen und Denkweisen, für die Solidarität mit anderen Menschen, für eine umfassende inklusive Pädagogik bis in die Randbereiche hinein, um zu einer Versöhnung zwischen allen Menschen beizutragen. Es gab viele Hindernisse, aber der Kampf geht weiter, denn es bleibt noch viel zu tun; man darf niemals vergessen, dass Gott ein Gott aller ist und seine Verheißungen des Friedens allen Menschen dieser Erde gelten.

3.2. Eine Spiritualität der Opfer: Bäuerliche Friedensgemeinschaften

Es handelt sich hier um bäuerliche Gemeinschaften in den Regionen Urabá Antioqueño und Chocoano in Kolumbien, wo ein hohes Maß an Gewalt herrscht. Sie entstanden 1997 als Initiativen des zivilen Widerstandes angesichts der Verschärfung und Vertiefung des bewaffneten Konfliktes in diesen Regionen. Diese Gemeinschaften wurden von der vertriebenen Bevölkerung geschaffen, einer Bevölkerung, die beschloss, friedlichen Widerstand zu leisten, indem sie von den Konfliktparteien Respekt einforderte: im Hinblick auf ihren zivilen Status, auf ihr Recht auf Neutralität und Frieden.

Die Friedensgemeinschaften sind authentische Friedensinitiativen inmitten der Realität des Krieges: eine Erfahrung beispielhaften zivilen Widerstandes; eine im Entstehen begriffene Bewegung; ein Lebensprojekt getragen von Friedenswerten; eine Möglichkeit zur Wiederherstellung des sozialen Gefüges mit Hilfe einer gemeinschaftlichen Organisation, die sich auf Solidarität, das Allgemeinwohl und das Recht auf Teilhabe und Vielfalt stützt; eine Alternative zum Schutz der Zivilbevölkerung; eine Antwort auf die gewaltsame Vertreibung und ein Mittel zur Verteidigung der Menschenrechte und der Verwirklichung des humanitären Völkerrechts.

Mit ihrer Option für die Menschenrechte und das Recht der Völker, die die Option Gottes für die Opfer der politischen und ökonomischen Gewalt ist, verkörpern die Mitglieder dieser bäuerlichen Friedensgemeinschaften die Kraft des Glaubens und vertreten mit Überzeugung ihr Lebensprojekt. Die Merkmale ihrer Spiritualität sind:

a. Die Erfahrung eines Gottes mit dem Antlitz eines Mannes und einer Frau, der sich in Situationen des Schmerzes und des Leidens, des Kampfes und der Befreiung zeigt.

b. Die Kontemplation, die vom Erleben der Realität ausgeht und sie mit einer tiefen persönlichen und gemeinschaftlichen Erfahrung Gottes verbindet und so zu konkreten Handlungen treibt, wodurch das Beten sich verändert, das Feiern seine Symbolik und Lebendigkeit wiedererlangt, seine Kultur, sein schöpferisches Potential und seinen

Traum. In einer dieser Gemeinschaften zeigt sich die Erfahrung des menschgewordenen Gottes im Gedenken an ihre Märtyrer und in der Symbolik ihrer Feiern.

c. Eine Liebe mit politischer Dimension, ohne Grenzen, die von der Freiheit des Geistes bewegt wird, die keine Barrieren kennt, die sich vom Geist führen lässt, der „weht, wo er will", eine Liebe, die erfinderisch ist und eine solidarische Begleiterin (Lk 10, 33–35). Sie ist das Zeugnis der Begleiter dieser Erfahrungen von Vertriebenen, wodurch diese als solidarische Wächter zu Brüdern und Schwestern werden.

d. Eine radikale Nachfolge Jesu, die die Gläubigen zu Propheten werden lässt, die Hoffnung und Leben verkündet und die Ungerechtigkeiten und Lügen anklagt. In weltlicher Sicht konkretisiert sich diese Nachfolge in der Weiterführung der Träume und Optionen, der Organisationen und Projekte ihrer zu Märtyrer gewordenen Führer, an denen man sich orientiert und derer man gedenkt (Jer 1, 17–19). Jede Verletzung der Menschenrechte wird von der Gemeinschaft zur Sprache gebracht und öffentlich angeklagt, auch wenn sie nicht gehört werden sollte.

e. Eine Spiritualität, die die Opfer zu Subjekten der Geschichte macht, die sich in Organisationen zusammenschließen. Sie befassen sich mit ihrer eigenen Geschichte, um der Wahrheit zu ihrem Recht zu verhelfen, und sie fordern Entschädigung zur Wiederherstellung und Gestaltung eines Lebens in Würde. Das „Erlassjahr" (Schabbatjahr) ist eine dieser Möglichkeiten, um Gerechtigkeit einzufordern (Lev 25, vgl. Lk 4, 18–19).

f. Eine Spiritualität, die durch Hoffnung und Freude gekennzeichnet ist (Lk 1, 46–52).

g. Eine Spiritualität der Anklage, weil sie aufmerksam und solidarisch auf die Opfer hört. Und zugleich auch eine Spiritualität der Wahrheit, auf der die Anklage beruht und die die ethisch-politischen Maßstäbe liefert, die Taten der Täter aufzudecken, auch die Mechanismen, die zu ihrer Straffreiheit führen, wie auch eine Wahrheit über das Leiden im Leben der Opfer (Joh 14,6).

3.3. Eine Spiritualität des Friedens und der Gewaltfreiheit: Die Gemeinschaft von El Garzal und Nueva Esperanza

Eine bäuerliche Gemeinschaft in der Region Magdalena Medio im Süden des Departements Bolívar, Kolumbien. Sie wird von *Christian Peacemaker Teams* (CPT) betreut.[11] In der bäuerlichen Gemeinschaft gibt es eine evangelikale Pfingstkirche. Der Pastor dieser Kirche ist zugleich der Vorsitzende der *Junta de Acción Comunal campesina* (kommunale bäuerliche Aktionsgemeinschaft).

Die Gemeinschaft besteht aus 234 Familien. Sie leben in einem Gebiet, das gegenwärtig von paramilitärischen Gruppen kontrolliert wird.[12] In der Vergangenheit gehörte es zum Territorium der Guerrillabewegung-FARC-EP.[13] Diese Familien kämpfen darum, die Besitzrechte an ihrem Land zu behalten, das sie in den 1970er Jahren besetzt haben, auf dem sie leben und das sie bestellen. Bisher werden ihnen die Rechte nur für fünf Jahre ab dem Zeitpunkt der Besitznahme zugesprochen. Der frühere Inhaber der Landrechte, ein Drogenhändler, verschwand, als sein Kokainlabor Ende der 1980er Jahre zerstört wurde, kehrte aber 2003 mit paramilitärischer Begleitung zurück. Die Regierung hat der Gemeinschaft die Besitztitel abgesprochen und die Eigentumsrechte des Drogenhändlers bestätigt.

Seitdem die Familien mit den *Christian Peacemaker Teams* und der Mennonitischen Kirche in Beziehung stehen und von diesen begleitet werden, haben sie begonnen, ihren Glauben und ihre Glaubenpraxis neu auszurichten, im Sinne eines Evangeliums des Friedens, das seinen Ausdruck in einer Spiritualität des Friedens und der Gewaltfreiheit findet. Der Pastor

---

[11] *Christian Peacemaker Teams* (CPT) ist eine von den historischen *Friedenskirchen* (Mennoniten, *Church of the Brethren* und Quäker) ausgehende Initiative, die ausgebildete Friedensfachkräfte in Konfliktregionen entsendet. Die *Christian Peacemaker Teams* wurden aus der Erkenntnis heraus gegründet, dass christliche Pazifisten auch bereit sein sollten, in Krisengebieten Verantwortung zu übernehmen. Im Mittelpunkt der Arbeit stehen die Dokumentation und Veröffentlichung von Menschenrechtsverletzungen, die Schutzbegleitung von gefährdeten Personen, die Vermittlung von Kontakten zwischen lokalen sowie internationalen Menschenrechtsorganisationen und die Entwicklung gewaltfreier Alternativen zur Lösung von Konflikten. Neben dem Irak gibt es derzeit CPT-Teams in Kolumbien, Palästina, Kanada und an der Grenze zwischen Mexiko und den USA. Vgl. www.cpt.org (aufgerufen am 01.12.2014).

[12] Der Begriff Paramilitarismus bezieht sich insbesondere auf bestimmte bewaffnete Gruppen in Kolumbien, die am Rande des Gesetzes agieren und die sich seit den 1970er Jahren gebildet haben, um vor allem die bewaffneten Gruppen der extremen Linken (die kolumbianische Guerrilla) zu bekämpfen. Die paramilitärischen Verbände agieren im Regenwaldgebiet und sichern dort den Drogenanbau. Sie gehören zu den illegalen Drogenkartellen, die große Mengen an Schwarzgeld erwirtschaften. Deshalb ist die Selbstverteidigung, auf die sie sich berufen, eine Verteidigung der Drogenkartelle gegen die Guerilla, und hat nichts mit dem Schutz der Bevölkerung zu tun.

[13] Die *Fuerzas Armadas Revolucionarias de Colombia – Ejército del Pueblo* oder FARC-EP (Revolutionäre Streitkräfte Kolumbiens – Volksarmee) ist eine Guerrillagruppe, die sich selbst als marxistisch-leninistisch bezeichnet. Die FARC agiert in Kolumbien und im Grenzgebiet zu Venezuela. Sie ist seit ihrer offiziellen Gründung 1964 Teil des bewaffneten Kampfes in Kolumbien und steht unter der Leitung eines siebenköpfigen Sekretariats. Sie ist die älteste Guerillabewegung des Kontinents. Zur Zeit gibt es zwischen ihr und der kolumbianischen Regierung Friedensgespräche in Havanna, Kuba.

hat ein neues Verständnis seiner seelsorgerlichen Arbeit entwickelt, die nun nicht nur auf den Bereich des rein Kirchlichen beschränkt ist, sondern auch den gemeindepolitischen und sozialen Bereich mit einschließt. Das hat dazu geführt, dass er sich am Kampf seiner Gemeinschaft beteiligt, die angesichts einer permanent drohenden gewaltsamen Vertreibung dafür eintritt, auf ihrem Land bleiben zu können. Der Pastor hat mehrfach die Gemeinde vorübergehend verlassen müssen, weil sein Leben bedroht war, ist aber immer wiedergekehrt, um weiterhin den Glauben zu stärken durch eine Spiritualität des Friedens und der Gewaltfreiheit. Diese beinhaltet:

a. Eine Spiritualität, in der das Land und das Recht auf Land eine der Grundlagen des Lebens ist.

b. Eine Spiritualität der Nächstenliebe, und sei dieser Nächste auch ein Feind. Diese Menschen haben gelernt, dass eine Spiritualität des Friedens und der Gewaltfreiheit sie zu bewusstem Handeln führt, dass es gilt, in der Nächsten- und Feindesliebe konsequent zu sein, dass sie Töchter und Söhne des Friedens und der Gewaltfreiheit sind; auch, dass dies eine Sache der gegenseitigen Beziehung und des Andersseins ist.

c. Eine Spiritualität, die die Mächte entlarvt, deren Repräsentanten die Politiker und Regierenden sind, und diese öffentlich anklagt. Denn sie sind es, die die Verfolgung und die Recht verletzende Unterdrückung legitimieren, zum Nachteil der Landbevölkerung und zum Vorteil der Mächtigen.

d. Eine Spiritualität, die das Evangelium in einer Perspektive des Friedens und der Befreiung liest, die ihre Hoffnung in die tätige Liebe umsetzt, in Vergebung und Versöhnung, auch mit den Unterdrückern. Diese Gemeinschaften haben verstanden, dass „selig sind, die um der Gerechtigkeit willen verfolgt werden; denn ihrer ist das Himmelreich" (Mt 5,10), dass der Geist Gottes sich im Alltag kund gibt und sie inspiriert, bis Frieden und Gerechtigkeit erlangt sind.

e. Diese Gemeinschaften haben verstanden, dass die Praxis einer Spiritualität des Friedens in einem Kontext von Gewalt nicht einen gewaltsamen Kämpfer, sondern den Friedensfürsten erfordert, und dass die Gewaltfreiheit der Weg zur Lösung der Konflikte in einem Umfeld ist, das aufgrund der starken Präsenz verschiedener bewaffneter Akteure ständig gefährdet ist.

„An der Basis der Gesellschaft finden wir die genannten *natürlichen Gemeinschaften* und die *freiwilligen Gruppen*. Die freiwilligen Gruppen kommen durch gemeinsam erkannte oder gemeinsam erfahrene Not zusammen. Die gemeinsam erkannte Not führt zur gemeinsamen Aktion. Menschen setzen sich persönlich ein und tragen die Schmerzen der Konflikte. Sie entwickeln eine eigene Form christlicher Spiritualität, die Mystik und Politik verbindet. ‚Widerstand und Ergebung' nannte *Dietrich Bonhoeffer* sie. ‚Kontemplation und Kampf' heißt sie in *Taizé*"[14] oder „Mystik und Widerstand" bei Dorothee Sölle.[15]

4. Schlussbemerkungen

Welche Gemeinsamkeiten haben diese Gemeinschaften in ihrem Verständnis und in ihrer Praxis der Spiritualität?

- Eine Spiritualität des Widerstands gegen die Faszination des Todes jener Mächte, die sie entlarvt und bloß stellt, für das Leben.
- Eine inklusive, beziehungsorientierte Spiritualität.
- Eine Spiritualität, die nicht nur das Opfer, sondern auch den Täter verwandelt und versöhnt, mit sich selbst und den anderen, dem ganzen Umfeld.
- Eine Spiritualität, die sich dessen bewusst ist, dass wir in dieser Welt als voneinander abhängige, in Beziehung stehende Wesen leben.
- Eine Spiritualität des gerechten Friedens, die Gewaltfreiheit als Mitte der Botschaft der Guten Nachricht versteht.
- Eine Spiritualität, in der Verkündigung und Anklage zwei Seiten derselben Medaille sind: prophetisches Reden, das nötig ist zur Befreiung.
- Eine Spiritualität, die glaubt, dass das Reich Gottes im Hier und Jetzt möglich ist,
- und dass die Liebe die Grundlage aller Friedenstätigkeit ist.
- Eine Spiritualität des Friedens, die in Kontexten der Gewalt Schnelligkeit und Wachsamkeit fördert.
- Eine Spiritualität der Opfer, die sich aus den Kontexten von Tod, Leben, Leiden, Auferstehung, Ostern heraus bildet zur Hoffnung.
- Eine Spiritualität der Beziehung, die weiß, dass wir uns, als voneinander abhängige Wesen, nach dem Bilde Gottes geschaffen, gegenseitig brauchen – auch als globale Gemeinschaft.

---

[14] *Jürgen Moltmann:* Der Geist des Lebens. Eine ganzheitliche Pneumatologie, München 1991, 258.

[15] „Mit mein wichtigstes Interesse ist gerade, die Mystik zu demokratisieren. Damit meine ich, die mystische Empfindlichkeit, die in uns allen steckt, wieder zuzulassen, sie auszugraben aus dem Schutt der Trivialität." *Dorothee Sölle:* Mystik und Widerstand, Hamburg 1997, 13.

Ein alter Indio erzählte seinem Enkel über den Kampf, der sich in seinem Inneren abspielte. Ein Kampf zwischen zwei Wölfen ...

„Einer ist teuflisch: jähzornig, lüstern, überheblich, lügenhaft, ein falscher Prediger, dünkelhaft, nachtragend, ein Dieb, Schänder und Mörder.

Der andere ist gut: friedfertig, liebevoll, heiter, bescheiden, großzügig, mitfühlend, treu, gütig, wohlwollend und ehrlich."

Denselben Streit gibt es auch ständig in deinem Innern und im Innern aller Wesen auf dieser Erde.

Nachdem er einige Minuten nachgedacht hatte, fragte der Enkel seinen Großvater: „Und welcher Wolf wird gewinnen?"

Der alte Indio antwortete schlicht: „Der, dem du Nahrung gibst."

(Verfasser unbekannt)

Übersetzung aus dem Spanischen: Dr. Wolfgang Neumann

Pilgern – eine (nicht nur) katholische Tradition

Annemarie C. Mayer[1]

„Heute mal wird nur gebetet, // Morgen wird das Fleisch getötet, // Übermorgen beichtet man, // Und dann geht das Pilgern an."[2] – So stellt sich zumindest der in der protestantischen Pfarrersfamilie seines Onkels aufgewachsene Wilhelm Busch die katholische Tradition des Pilgerns vor. Doch was tun Katholiken eigentlich, wenn sie pilgern? Warum machen sie sich auf ins sogenannte „Heilige Land", nach Rom, nach Lourdes oder auch nur zur nächsten Wallfahrtskirche in ihrer Diözese? Gewiss, Pilgern ist wieder in Mode gekommen und nicht jeder, der „dann mal weg" ist, um den Jakobsweg zu erwandern, tut dies aus religiösen Gründen. Außerdem können zu den religiösen Motiven noch ganz andere, viel profanere hinzutreten, wie der Film von Jan Ruzicka „Pilgerfahrt nach Padua"[3] vor Augen führt.

Dieser Beitrag fragt demgegenüber nach der ursprünglichen Intention des Pilgerns in katholischer Tradition. Sich betend zu einem Wallfahrtsziel auf den Weg zu machen, ist schließlich eine uralte christliche Frömmigkeitsform – nicht nur für Katholiken. Seit den Zeiten der Alten Kirche wird sie auch von orthodoxen Christen gepflegt. Was hat Katholiken und andere Christen über Jahrhunderte dazu motiviert (1)? Welche Theologie trägt, oder besser bewegt die Wallfahrt (2)? Welches sind die Besonderheiten katholischen Pilgerns damals und heute (3)? Was ist zum Phänomen Pilgern

[1] Annemarie C. Mayer ist Professorin für Systematische Theologie und Religionswissenschaft an der Katholischen Universität Löwen/Katholieke Universiteit Leuven, Belgien.
[2] *Wilhelm Busch:* Abenteuer eines Junggesellen, in: Was beliebt ist auch erlaubt. *Ders.:* Sämtliche Werke Bd. II, hg. von *Rolf Hochhuth,* München [12]2008, 183.
[3] Pilgerfahrt nach Padua, Deutschland 2010. Vgl. Filmlexikon, siehe: www.zweitausendeins.de/filmlexikon/?wert=538262&sucheNach=titel (aufgerufen am 27.11.2014).

kritisch anzumerken (4)? Alle diese Überlegungen dienen letztlich dazu, die katholische Tradition in Bezug zu setzen zu neuen Traditionen ökumenischen Pilgerns, ganz konkret zum ökumenischen „Pilgerweg der Gerechtigkeit und des Friedens" (5). Es handelt sich dabei um eine Initiative der Mitgliedskirchen des Ökumenischen Rates der Kirchen, „sich zusammen auf die Suche zu begeben, um die wahre Berufung der Kirche durch ein gemeinschaftliches Engagement für die äußerst wichtigen Anliegen der Gerechtigkeit und des Friedens zu erneuern und eine Welt voller Konflikte, Ungerechtigkeit und Schmerz zu heilen".[4]

1. Orte der Gottsuche

„Denn Du hast uns auf Dich hin geschaffen, und unruhig ist unser Herz, bis es Ruhe findet in Dir", so betet Augustinus in seinen Bekenntnissen (I, 1).[5] Zu allen Zeiten sind Menschen unterwegs, um Gott zu suchen. Zwar gilt für Christen der Grundsatz *ubi caritas et amor, Deus ibi est* – wo die Güte und die Liebe wohnen, dort wohnt Gott. Dieser Antwortgesang aus der Gründonnerstagsliturgie besagt, „daß das den Menschen in Christus geschenkte Heil nicht an Orte gebunden ist, daß es vielmehr ortsungebunden im Geist und in der Liebe wirksam ist".[6] Orte sind für *Menschen* wichtig, nicht für Gott.

Pilgern ist das Unterwegssein zu einem heiligen Ort, genauer einem Ort der Begegnung mit dem Heiligen. Wallfahrtsorte stehen für die Erfahrung des Göttlichen, den Einbruch der Transzendenz in die Immanenz. Pilgern ist Ausdruck der Gottsuche des Menschen. So verstanden, gehört Pilgern zu einem allgemein menschlichen Phänomen, das zusammenhängt mit unserer Raum-Zeitlichkeit. Unterwegs zu sein an einen Ort, um etwas Erhofftes zu finden, ist eine anthropologische Grundkonstante.

Katholiken wissen sich beim Pilgern in guter Gesellschaft; sie teilen diese Tradition mit den verschiedensten Religionen der Welt, denn das Aufsuchen heiliger Stätten ist weltweit in vielen Religionen verbreitet. Pilgern darf geradezu als ein universalreligiöses Phänomen gelten.[7] Zentral sind

4   *Ökumenischer Rat der Kirchen:* Pilgerweg der Gerechtigkeit und des Friedens, siehe: www.oikoumene.org/de/was-wir-tun/pilgerweg-der-gerechtigkeit-und-des-friedens? set_language=de (aufgerufen am 27.11.2014).
5   *Augustinus:* Confessiones/Bekenntnisse, hg. von *Joseph Bernhart,* Frankfurt a. M. 1987, 12.
6   *Herbert Donner:* Pilgerfahrt ins Heilige Land, Stuttgart 1979, 27.
7   Vgl. *Manfred Hutter:* Pilgern – ein universalreligiöses Phänomen, in: Theologisch-praktische Quartalschrift 155 (2007), 265–272.

Orte, die mit der Geschichte der eigenen Religion in Verbindung stehen und z. B. die Erinnerung an das Wirken des Religionsstifters erlauben. Der Ägyptologe und Religionswissenschaftler Jan Assmann geht davon aus, dass alle Religionen bestrebt sind, „sich Orte zu schaffen und zu sichern, die nicht nur Schauplätze ihrer Interaktionsformen abgeben, sondern Symbole ihrer Identität und Anhaltspunkte ihrer Erinnerung".[8] Manche Religionen, wie der Islam, kennen sogar die Pflichtwallfahrt. Sofern es seine physischen und materiellen Umstände erlauben, ist es für jeden Muslim Pflicht, einmal im Leben nach Mekka zu pilgern, so die fünfte „Säule des Islam".

Solche Pflichtwallfahrten kennt der Katholizismus nicht. Dennoch ist der Blick über den Tellerrand der Religionen angebracht, da das christlich-katholische Wallfahrtsverständnis in enger Beziehung steht zum Pilgern im alten Israel. Abraham, von Gott gerufen, verlässt seine Heimat im Zweistromland (Gen 12,1–9). Kaum am neuen Ort angekommen, muss er sich wieder aufmachen (Gen 12,10–20). Er folgt Gottes Ruf. Das Volk der Israeliten wandert nach dem Auszug aus Ägypten unter der Führung des Moses, und letztlich Gottes, durch die Wüste (Ex 3,7 ff und Dtn 26,5 ff). Das Laubhüttenfest, eines der drei jüdischen Wallfahrtsfeste, erinnert an die Wüstenwanderung. Eine Wallfahrt im alten Israel führte gemeinhin zum Tempel in Jerusalem. „Zum Haus des Herrn wollen wir pilgern", heißt es in Psalm 122. Doch auch die Völkerwallfahrt zum Zion (Jes 2,25) ist eines der Leitmotive der prophetischen Heilszusage im Jesajabuch. Für das alte Israel gilt demnach: „Das Wallfahrtsmotiv wird deutbar als ein sich zum Herrn begeben und ihm außerhalb des gewöhnlichen Umfeldes begegnen. Als privilegierter Ort der Begegnung mit dem Heiligen dient dabei der Tempel."[9]

Das Christentum übernimmt die alttestamentlichen Motive und deutet sie christlich um. Die Völkerwallfahrt zum Zion wird Zeichen der universalen Gottesherrschaft (Apg 2,1–13). Jesus selbst nimmt an den jüdischen Wallfahrtsfesten teil, er pilgert. Doch gibt er der Wallfahrt ein neues Ziel: Aus christlicher Sicht wird seine Person zum Ort der Begegnung mit Gott (Joh 2,19 ff; 4,19 ff). Der Auferstandene sendet seine Jünger in alle Welt (Mt 28,16–20). Im Hebräerbrief führt er selbst als Hohepriester das im Glauben geeinte pilgernde Gottesvolk zur himmlischen Heimat (Hebr

---

[8] *Jan Assmann:* Das kulturelle Gedächtnis. Schrift, Erinnerung und politische Identität in frühen Hochkulturen, München ⁵2005, 39. So machen sich Buddhisten auf zu den Wirkungsstätten ihres Religionsstifters Gautama Buddha. Hindus finden es besonders erstrebenswert im heiligen Fluss Ganges zu baden.

[9] *Andreas Fuchs:* Peregrinatio religiosa. Fundamentalia und Propria des Wallfahrtswesens aus theologischer Sicht, in: *Nicolaus U. Buhlmann* u. a. (Hg.): Signum in bonum. Festschrift für Wilhelm Imkamp zum 60. Geburtstag, Regensburg 2011, 919–925, hier 924.

10,19–25; 13,14). *Sacrosanctum Concilium*, die Liturgiekonstitution des Zweiten Vatikanums, greift diesen neutestamentlichen Gedanken auf: „In der irdischen Liturgie nehmen wir vorauskostend an jener himmlischen teil, die in der heiligen Stadt Jerusalem, zu der wir als Pilger streben, gefeiert wird, wo Christus zur Rechten Gottes sitzt, der Diener des Heiligtums und des wahren Zeltes" (SC 8).[10]

Dieses neutestamentliche Motiv zieht sich durch die Jahrhunderte und wird transformiert. Bereits für Augustinus (+ 430) stellt der Leitgedanke der irdischen Pilgerschaft (*peregrinatio*) ein Sinnbild für das Leben eines Christen dar. Er rät: „gebraucht die irdischen und zeitlichen Dinge wie ein Fremdling" (*tamquam peregrina*).[11] Wir sind nur Gast auf Erden;[12] diese eschatologische Seite der menschlichen Existenz betont auch Thomas von Aquin (+ 1274). Dem Pilgerdasein (*status viae*) des pilgernden Menschen (*homo viator et peregrinus*) steht das Zuhause-Angekommensein (*status patriae*) gegenüber. Doch ist der Pilger auf seinem Nachhauseweg nicht auf sich allein gestellt. Ihm steht der pilgernde Christus (*Christus viator*) zur Seite:

> „Wenn Du aber wissen willst, wohin Du gehen sollst, halte Dich an Christus, denn er ist selbst die Wahrheit, zu der wir gelangen wollen [...] Wenn Du wissen willst, wo Du bleiben sollst, halte Dich an Christus, denn er ist selbst das Leben. [...] Halte Dich also an Christus, wenn Du sicher sein willst: Du wirst nicht fehlgehen können, denn er ist selbst der Weg. Daher gehen diejenigen, die sich an ihn halten, nicht im Unwegsamen, sondern auf dem rechten Weg."[13]

[10] Texte des Zweiten Vatikanischen Konzils sind zitiert nach: Die Dokumente des Zweiten Vatikanischen Konzils. Konstitutionen, Dekrete, Erklärungen, hg. von *Peter Hünermann* (Herders Theologischer Kommentar zum Zweiten Vatikanischen Konzil, Bd. 1), Freiburg i. Br./Basel/Wien 2004.

[11] *Augustinus:* De civitate Dei / Vom Gottesstaat. Des heiligen Kirchenvaters Aurelius Augustinus zweiundzwanzig Bücher über den Gottesstaat, übers. von *Alfred Schröder*, in: Des heiligen Kirchenvaters Aurelius Augustinus ausgewählte Schriften 1–3 (Bibliothek der Kirchenväter, 1. Reihe, Bd. 1, 16, 28), Kempten/München 1911–16, Buch XIX, 17, siehe auch: www.unifr.ch/bkv/kapitel1937-16.htm (aufgerufen am 28.11.2014).

[12] So auch ein gerne bei Beerdigungen gesungenes Kirchenlied von *Georg Thurmair* aus dem Jahr 1935.

[13] *Thomas von Aquin:* Super Ioannem XIV, lectio 2, in: Thomae Aquinatis opera omnia cum hypertexibus in CD-ROM, hg. von *Robert Busa,* Mailand ²1996: „Si vero quaeras quo vadis, adhaere Christo, quia ipse est veritas, ad quam desideramus pervenire [...] Si quaeris quo permaneas, adhaere Christo, quia ipse est vita. [...] Adhaere ergo Christo, si vis esse securus: non enim poteris deviare, quia ipse est via. Unde qui ei adhaerent, non ambulant in invio, sed per viam rectam" [meine Übersetzung].

Christus als Ort der Begegnung mit Gott ist Gottes Weg zu uns Menschen und als „Weg, Wahrheit und Leben" (Joh 14,6) unser Weg zu Gott. Diese Wegtheologie der Christusnachfolge bestimmt die ersten Pilgerfahrten. Sie waren Erinnerungswallfahrten, denn Christen wollten den Wegen des Herrn nachgehen und die in der Bibel genannten Wirkungsstätten Jesu selbst sehen. Eine Pilgerfahrt ins Heilige Land diente dem Zweck, das am heiligen Ort Geschehene zu vergegenwärtigen. Egeria, eine Ordensfrau aus Gallien, die zwischen Ostern 381 und 384 an den heiligen Stätten der Bibel weilte, berichtet, wie dieses Wallfahrtskonzept umgesetzt wurde:

> „Folgendes ist hier vor allem sehr schön und bewundernswert, dass die Hymnen, Antiphonen und sogar die Lesungen und die Gebete, die der Bischof spricht, immer einen solchen Inhalt haben, dass sie für den Tag, der gefeiert wird, und für den Ort, an dem sie begangen werden, immer passend und angemessen sind."[14]

Durch den Besuch der Orte selbst und das Lesen der korrespondierenden Bibelstellen erlebt man die Geschichte Jesu gleichsam nach.

Dieses theologische Konzept der Christusnachfolge wurde bereits in der Antike auf die Nachfolger Christi, also die Apostel und Märtyrer, ausgedehnt und man besuchte deren Gräber. Nach alter Überlieferung hatten Petrus und Paulus in Rom den Tod gefunden. Deshalb entwickelte sich die ewige Stadt, wo seit Neros Christenverfolgung immer wieder zahlreiche Christen den Märtyrertod erlitten hatten, schon früh zu einem beliebten Pilgerziel vor allem für Pilger aus dem Abendland. Nachdem man in Santiago de Compostela das Grab von Jakobus dem Älteren lokalisiert hatte, blühte ab dem 9. Jahrhundert die Wallfahrt dorthin. Und auch „Christussucher" wie die Heiligen Drei Könige in Köln wirkten aufgrund ihrer Christusnachfolge anziehend.

Auf ihrem Weg der Gottsuche brauchen Menschen Leitbilder, sie brauchen Halt und Orientierung. Seit der Zeit der frühen Märtyrer gehören für Katholiken deshalb Heiligen- und Reliquienverehrung untrennbar zusammen. Diese Verbindung trug schon früh zu einer Art „Demokratisierung" des Wallfahrens bei. Über den Gräbern der Märtyrer erbaute man Kirchen, später setzte man Heiligenreliquien in Altären bei. Man pilgerte zu diesen Stätten, um in der Anbetung Gottes und in der Verehrung der Heiligen Kraft und Orientierung zu finden. Doch diese Stätten mussten nun nicht

---

[14]   *Egeria:* Itinerarium/Reisebericht, übers. von *Georg Röwekamp* (Fontes Christiani 20), Freiburg i. Br. ²2000, Kap. 47, 5.

mehr im Heiligen Land liegen oder der Ort sein, an dem die jeweiligen Apostel oder Märtyrer wirklich gestorben waren. Es genügte, dass sie oder etwas von ihnen dort begraben lag. Durch die Verteilung von Reliquien entstand eine kaum überschaubare Anzahl von Wallfahrtsorten vor der Haustür der Gläubigen. Wie im Heiligen Land, an einer heiligen Stätte, am Grab eines Märtyrers fühlten sich diese angesichts einer heiligen Reliquie in ihrem Beten Gott näher, unmittelbarer von seiner Heil schaffenden Gegenwart ergriffen. Der Konnex von Wallfahrt und Reliquienverehrung hat also zu tun mit der Sehnsucht des Menschen nach zeitlicher und räumlicher Vergegenwärtigung des göttlichen Heils. Vom konkreten Christusereignis wurde immer mehr abstrahiert. Mit der Zeit genügten sogar Bilder statt Reliquien. Daraus entstand die Gnadenbildverehrung, die vor allem für die Marienwallfahrt von immenser Bedeutung war.[15] Neben Gnadenbildern machen auch andere, ganz alltägliche Dinge die Gottesbeziehung des Menschen habhaft und konkret. Ignatius von Loyola († 1556) ruft dazu auf,

> „die Gegenwart Gottes unseres Herrn in allen Dingen zu suchen, etwa im Sprechen mit jemandem, im Gehen, Sehen, Schmecken, Hören, Verstehen und in allem, was wir etwa tun. [...] Diese Weise zu betrachten, indem man Gott unseren Herrn in allen Dingen findet, ist leichter, als uns zu abstrakten Dingen zu erheben."[16]

Gegen Ende seines Lebens blickt Ignatius zurück und berichtet von den Erfahrungen seines Lebens- und Glaubenswegs als Pilger zu Gott.[17] So schließt sich der Kreis zum neutestamentlich-augustinischen Leitgedanken der irdischen Pilgerschaft des Christen.

Doch schon im Neuen Testament hat dieser Gedanke auch eine ekklesiale Seite; Augustinus siedelt die Kirche als wanderndes Gottesvolk (*civitas peregrina*) zwischen dem Reich Gottes (*civitas Dei*) und dem Staat (*civitas terrena*) an.[18] Der Kirche in dieser Welt in *statu viatoris* steht ihr gnadenhaftes Zur-Vollendung-Kommen in *statu comprehensoris* gegenüber. „Als Volk Gottes unterwegs zu sein, ist konstitutiv für die Kirche.

---

[15] Das Kloster Einsiedeln in der Schweiz ist dafür ein gutes Beispiel. Es war im Mittelalter neben Aachen einer der meist frequentierten Sammelpunkte für die Santiago-Wallfahrt. Zugleich konnten (und können) Wallfahrer auch ‚nur' zum Gnadenbild der Schwarzen Madonna pilgern.

[16] *Ignatius von Loyola:* Brief an P. Antonio Brandão vom 1. Juni 1551, in: Monumenta Historica Societatis Iesu, Monumenta Ignatiana, Epistolae et Instructiones, Bd. 3, Madrid 1905, 506–513, hier 510.

[17] Vgl. *Ignatius von Loyola:* Bericht des Pilgers, übers. und komm. von *Peter Knauer,* Würzbug 2005.

[18] Vgl. *Augustinus:* De civitate Dei/Vom Gottesstaat (s. Anm. 11).

Hier auf Erden weiß sich die Kirche auf Pilgerschaft, fern vom Herrn und in der Fremde (vgl. LG 6)."[19] Das Bildwort von der Kirche als pilgerndem Gottesvolk ist in der Ekklesiologie des Zweiten Vatikanums aufgegriffen. Das zweite Kapitel der Kirchenkonstitution *Lumen gentium* trägt den Titel „Volk Gottes". Das Konzil macht das pilgernde Gottesvolk zur Grundmetapher seiner Ekklesiologie, indem es diese Überschrift den folgenden Kapiteln der Kirchenkonstitution voranstellt. In die nachkonziliare Liturgie fließt der Gedanke von der Kirche als gemeinsam pilgerndem Gottesvolk ein im dritten Hochgebet: „Beschütze deine Kirche auf ihrem Weg durch die Zeit und stärke sie im Glauben und in der Liebe."[20] Die Kirche betet hier nicht um Selbsterhaltung, sondern um die Befähigung zu ihrer Aufgabe.

Dass in der Metapher des pilgernden Gottesvolkes die Aufgabenverteilung nicht so ist, dass die Hirten schon am Wallfahrtsziel sind und die Gläubigen noch pilgern, bringt ein Phänomen zum Ausdruck, das relativ jung ist in der Geschichte der katholischen Kirche, aber seit dem Zweiten Vatikanischen Konzil immer häufiger vorkommt: das Phänomen des pilgernden Papstes. Der Papst ist ein Pilger der besonderen Art. Nicht die Gläubigen machen sich zu Petrus und seinem Nachfolger auf den Weg, sondern der Nachfolger Petri zu den Gläubigen. Vor allem Papst Johannes Paul II. († 2005) nutzte dieses Instrument zur Verkündigung, zum Kennenlernen der Ortskirchen und somit zur Leitung der Weltkirche. Als Pilgerreisen werden Papstbesuche zu einem geistlichen Ereignis für das besuchte Land. Zudem gilt:

> „Eine Pilgerfahrt des Papstes bringt nicht nur die jeweiligen Besucher der Begegnungen in Bewegung. Im Vorfeld, in der Vorbereitung des Besuches, müssen die Abläufe und Reden abgestimmt werden. Das führt zu einem Kooperationsschub unter den beteiligten Bistümern. Es muss überlegt und abgestimmt werden, was man dem Papst sagen will, wenn dieser eine Situationsbeschreibung der Kirche [...] erbittet. Welche Bestandsaufnahme ergibt sich, wie sehen die Perspektiven für die Zukunft aus?"[21]

---

[19] *Johann Pock:* Das pilgernde Gottesvolk – eine Metapher in der Krise?, in: Theologisch-praktische Quartalschrift 155 (2007), 256–264, hier 261.

[20] Vgl. Die Feier der heiligen Messe, Messbuch für die Bistümer des deutschen Sprachgebietes. Authentische Ausgabe für den liturgischen Gebrauch, hg. durch die ständige Kommission für die Herausgabe der gemeinsamen liturgischen Bücher im deutschen Sprachgebiet, Freiburg i. Br. u. a. 2001.

[21] *Joseph Freitag:* „Migration" des Papstes. Die Pilgerreisen Papst Johannes Paul II. und ihre Bedeutung für die Religionen, die Gesellschaften und die Kirchen, in: *Claudia Kraft/Eberhard Tiefensee* (Hg.): Religion und Migration. Frömmigkeitsformen und kulturelle Deutungssysteme auf Wanderschaft (Vorlesungen des Interdisziplinären Forums Religion der Universität Erfurt Bd. 7), Münster 2011, 97–114, hier 102.

Anhand verschiedener Papstbesuche analysiert Joseph Freitag den Ertrag päpstlicher Pilgerreisen für die Ortskirchen und kommt zu dem Fazit:

> Der Papst „bekommt das Land und seine Leute in einer Intensität zu sehen, die er allein in Rom oder nur auf schriftlichem Weg gar nicht erreichen könnte. Dazu kommt, dass das, was er sieht, erlebt und lernt, in neuer Weise seine Aufmerksamkeit prägt, ihn mit nach Rom begleitet und damit künftig zum Dialogfeld zwischen Ortskirche und Zentrale gehört. Über Pilgerreisen können Ortskirchen Anstöße in die Universalkirche einbringen!"[22]

3. Wegmarken der Hoffnung

Pilgern in katholischer Tradition ist ein komplexes Phänomen. Unterschiedliche Charakteristika und Wegmarken haben sich entwickelt. Oft wurden sie als Volksfrömmigkeit belächelt. Doch für Katholiken waren Wallfahrten immer ein wichtiger Teil ihrer Frömmigkeit und Ausdruck ihrer christlichen Hoffnung. Dies zeigt nicht zuletzt das reiche Brauchtum, das damit verbunden war: Pilgerzeichen, und -andenken, Medaillen, Gebetszettel, Andachtsbilder, Kerzen, Votivgaben und -tafeln wurden entworfen. Um die Fern- und Nahwallfahrten entwickelte sich eine eigene Infrastruktur mit Herbergen und Klöstern. Der Handel mit Devotionalien blühte und neben einer Menge an Kitsch und Kuriosem[23] entstanden auch grandiose Wallfahrtskirchen oder einzigartige Kunstwerke wie Caravaggios *Madonna dei Pellegrini* in der Kirche Sant'Agostino in Rom (1606). Als ernst zunehmender Wirtschaftsfaktor trug Pilgern wesentlich zur Verbreitung von Musik, Kunst und Kultur in Europa bei, auch zu einer Kultur der Gastfreundschaft.

Die Motive zu pilgern sind vielfältig: die Erfüllung eines Gelübdes, das Erhören von Anliegen, das Überbringen von Votivgaben oder Erfüllen einer auferlegten Buße u. v. m. Durch Wallfahrten erhofft man sich Gesundung an Seele und Leib. Doch ist oft die Rettung oder Heilung bereits zu Hause geschehen, so dass die Wallfahrt dazu dient, Dank für die Rettung aus einer Notsituation abzustatten.[24] In der Not selbst stellt man sich der Hilfe Gottes anheim, manchmal ausdrücklich durch das Gelübde einer Wallfahrt. Die grundsätzliche Unterstellung unter die göttliche Gnade, die ihren Ausdruck

---

[22]   Ebd.
[23]   Wie vor kurzem *Albert J. Urban* (Hg.): Lexikon der Wallfahrtsorte. Ihre Geschichte und heutige Bedeutung, Öpfingen 2012.
[24]   Vgl. *Arnold Angenendt:* Heilige und Reliquien. Die Geschichte ihres Kultes vom frühen Christentum bis zur Gegenwart, München 1994, 135.

in einem solchen Gelöbnis findet, lässt sich durch menschliches Tun nicht erzwingen. Die Votivtafeln der Pilger sind also nicht als Ausdruck einer *do ut des*-Mentalität zu verstehen, sondern im Sinn der Anheimstellung, als Zeichen menschlicher Hilfsbedürftigkeit und als Wegmarken der Hoffnung. Andacht und Abenteuer treffen beim Pilgern aufeinander. Die Liturgiekonstitution *Sacrosanctum Concilium* vermerkt: „Die frommen Übungen des christlichen Volkes werden, sofern sie den Vorschriften und Regeln der Kirche entsprechen, sehr empfohlen" (SC 13). Die Einschränkung „sofern" heißt aber indirekt, sie entsprechen nicht immer, und die Kirche muss sich um kirchenrechtliches Eindämmen des Wildwuchses bemühen. Das Gesetzbuch der katholischen Kirche, der *Codex Iuris Canonici*, trifft in Kanon 1234 aus seelsorgerlichen Gründen folgende Regelungen:

> § 1 In Heiligtümern sind den Gläubigen reichlicher die Heilsmittel anzubieten durch eifrige Verkündigung des Gotteswortes, durch geeignete Pflege des liturgischen Lebens, besonders der Feier der Eucharistie und des Bußsakramentes, wie auch der gutgeheißenen Formen der Volksfrömmigkeit.
> § 2 Volkskünstlerische Votivgaben und Frömmigkeitsdokumente sind in den Heiligtümern oder in deren Nähe sichtbar aufzustellen und sicher aufzubewahren.[25]

Zwar sind einerseits liturgische Prozessionen und andererseits Bußfahrten vom Wallfahrtswesen zu unterscheiden. Doch gerade letzteres war über Jahrhunderte für praktizierende Katholiken im Alltag nicht scharf getrennt. In der Alten Kirche war die Bußwallfahrt als Form des Pilgerns unbekannt. Sie entstammt dem iroschottischen Bußverständnis. Bereits im ältesten irischen Bußbuch aus dem 6. Jahrhundert ist vom Pilgern zur Buße als Sanktion bei besonders schweren Verfehlungen die Rede. Der Sünder muss in die Fremde, um Gottes Nähe zu suchen. Er muss ein Zeichen setzen, dass er sich Gott ganz anheim gibt. Bei Tötungsdelikten oder Ehebruch liegt schon aus pragmatischen Gründen nahe, als kanonische Kirchenbuße eine Fernwallfahrt zu verhängen. Im heutigen kirchlichen Bußwesen ist dieses kirchliche Strafmittel allerdings abgeschafft.[26] Im Zusammenhang mit dem von ihr eigentlich zu unterscheidenden Ablasswesen hatte diese Sonderform des Pilgerns jedoch enorme geschichtliche Auswirkungen.

---

[25] Codex Iuris Canonici/Kodex des kanonischen Rechts (1983), promulgiert durch Johannes Paul II., 7. Aufl., Kevelaer 2012. Kanon 1230 erklärt vorab: „Unter Heiligtum versteht man eine Kirche oder einen anderen heiligen Ort, zu dem aus besonderem Frömmigkeitsgrund zahlreiche Gläubige mit Gutheißung des Ortsordinarius pilgern."
[26] Allerdings kennt der Codex Iuris Canonici von 1917 in Kanon 2313 die Bußwallfahrt noch: „peragendi piam aliquam peregrinationem".

4. Der Gnade hinterherlaufen?

Von Anfang an war das Pilgern auch gekennzeichnet durch Ambivalenz. „Mein Zusammentreffen mit den guten und mir lieben Menschen sowie die Kennzeichen der großen Liebe des Herrn zu uns, die an den Orten gezeigt werden, wurden für mich Gegenstand größter Freude und Glücks",[27] schreibt Gregor von Nyssa († nach 394) nach seiner Pilgerfahrt ins Heilige Land. Im Brief davor sieht er sich jedoch gezwungen, angesichts der Versuchungen, die eine Pilgerreise mit sich bringt, seine Mitchristen aufzufordern, nur innerlich zu Christus zu pilgern, nicht real nach Jerusalem.[28] Die Anwesenheit Gottes gelte dem „inneren Menschen". Die Veräußerlichung des Glaubens war auch einer der wichtigsten Kritikpunkte, den die *devotio moderna* (neue Frömmigkeit), eine Bewegung, die sich um die Verinnerlichung des Glaubenslebens bemühte, im Spätmittelalter nicht ohne Grund äußerte.

Überdies wird immer wieder vor einer zu engen Verbindung von Gottesbegegnung und Ortsheiligkeit gewarnt. Johannes Chrysostomus († 407) empfiehlt: „Es ist nicht notwendig, dass man übers Meer fährt, dass man eine lange Wallfahrt macht. In der Kirche und zu Hause lasst uns eifrig zu Gott beten, und er wird die Bitte erhören."[29] Ähnlich lautet eine der Begründungen, die Martin Luther († 1546) für seine Ablehnung des Pilgerns gibt: „Hore, du wirst keinen bessern schatz finden doselbst, dan du albereit daheim in deiner pfarkirchen hast. Jha es ist dort bej den walfarten alles verreisschet und ist des Teuffels religion."[30] Der Christ hat zu Hause alles, was zum Heil nötig ist.

Reformatorische Wallfahrtskritik, vor allem in Martin Luthers deftigen Formulierungen, wendet sich zugleich gegen Wallfahrt und Kreuzzug als „bewaffnete Wallfahrt": „Denn nach dem grab, do der herr ynn gelegen hat, welchs die Sarracen ynne haben, fragt got gleych ßo viel, als nach allen kwen [Kühen] von schweytz."[31] Neben der Schweiz nimmt Luther Spanien in Augenschein und fragt kritisch weiter: „Wie er [Jakobus] in Hispaniam kommen ist gen Compostel, da die groß walfart hin ist, da haben wir nu nicht gewiß von dem [...] Darumb laß man sy ligen und lauff nit dahin,

---

[27] *Gregor von Nyssa:* Brief 3,1, übers. von *Dörte Teske*, Bibliothek der Griechischen Literatur 43, Stuttgart 1997, 43–49, hier 43.

[28] *Gregor von Nyssa:* Brief 2,18, ebd., 39–43.

[29] Zitiert nach *Bernhard Kötting:* Peregrinatio religiosa. Wallfahrten in der Antike und das Pilgerwesen in der alten Kirche, Münster ²1980, 424.

[30] *Martin Luther:* Matthäus 18–24 in Predigten ausgelegt [1537–1540], in: Martin Luthers Werke, Kritische Gesamtausgabe, Weimar 1883 ff [= WA] 47, 393.

[31] *Martin Luther:* Vom Missbrauch der Messe [1522], WA 8, 562.

dann man waißt nit ob sant Jacob oder ain todter Hund oder ain todts roß da ligt."[32] Ferner weist Luther auf die durch Abwesenheit von zu Hause verursachten sozialen Missstände hin. Auch Zwingli († 1531) und Calvin († 1564) wenden sich gegen das Wallfahrtswesen, indem sie das Problem pragmatisch lösen und alle Reliquien und Bilder aus den Kirchen ihres Einflussbereichs entfernen.

Der Hauptpunkt der reformatorischen Kritik stellt jedoch die Wallfahrt theologisch grundsätzlich in Frage als Versuch der Selbsterlösung, basierend auf einer im Grunde heidnischen *do ut des*-Mentalität. Als Form der Werkgerechtigkeit ist sie „des Teuffels religion". Der Mensch wird gerecht ohne Werke, allein durch den Glauben an Christus, und neben Christus existieren keine Mittler des Heils. In Norwegen waren daher ab 1537 Wallfahrten unter Androhung der Todesstrafe verboten.[33]

Zur Zeit der Reformation zu einer katholischen Besonderheit geworden, wurde Pilgern nach dem Trienter Konzil (1545–1563) zur Festigung der Gegenreformation eingesetzt. Der Josephinismus in Österreich und Kirchenführer wie Erzbischof Karl Theodor von Dalberg († 1817) in Mainz oder Ignaz Heinrich von Wessenberg († 1860) in Konstanz versuchten im Zuge der Aufklärung eine „Entrümpelung" der Volksfrömmigkeit von Widervernünftigem und Abergläubischem. Das hat dazu beigetragen, dass Pilgern in der katholischen Kirche bis heute überlebt hat. Die französische Religionssoziologin Danièle Hervieu-Léger sieht heute im Pilger sogar einen neuen Typus kirchlicher Existenz: „Wo das Territorialprinzip nicht mehr im Vordergrund steht, nicht zuletzt weil es aufgrund des Personalmangels nicht mehr durchhaltbar ist, werden die einschlägigen Orte zu gefragten Kristallisationspunkten christlicher Praxis."[34]

5. Pilgern als geistlicher Ökumenismus – Die Haltung des Anheimstellens

Wie steht es um die Wiederbelebung des Pilgerns im Geist der Ökumene? Umkehr und Streben nach Heiligkeit sind wesentliche Bestandteile

---

[32] *Martin Luther:* Predigt am Jakobstag, [25. Juli 1522] WA 10 III, 235.

[33] Vgl. *Georg Müller:* „Der Ökumenismus der Heiligkeit". Erfahrungen aus Trondheim, in: People on the Move 97 (2005), Nr. 1.2, siehe: www.vatican.va/roman_curia/pontifical_councils/migrants/pom2005_97-suppl/rc_pc_migrants_pom97_muller.html (aufgerufen am 30.11.2014).

[34] *Danièle Hervieu-Léger:* Le pèlerin et le converti. La religion en mouvement, Paris 2003; auf Deutsch zitiert bei *Stefan Orth:* Pilgernde Kirche, in: Herder-Korrespondenz 58 (2004), 325–327, hier 327.

jedes Pilgerdaseins und sie sind wesentliche Elemente der ökumenischen Suche nach Einheit.

Kirchenoffizielle Äußerungen von katholischer Seite beschränken sich bislang auf Pilgern als Form des geistlichen Ökumenismus. Das *Ökumenische Direktorium* von 1993 erwähnt Pilgern zwar nicht, ermutigt aber dazu, „geistliches Miteinander zu pflegen in der Form von Rekollektionen, Exerzitien, in Gruppen, in denen gemeinsam studiert wird und in denen man sich gemeinsam auf spirituelle Traditionen besinnt" (Nr. 114).[35] Kardinal Kasper nennt bei seinem Überblick über geistlichen Ökumenismus im Kirchenjahr „ökumenische Pilgerreisen" (Nr. 44) als mögliche Aktivität während der Sommerferien.[36] Die an der römischen Kurie für Pilgern zuständige Institution ist der Päpstliche Rat der Seelsorge für Migranten und Menschen unterwegs. Bereits 1999 publizierte er das Dokument *Heilige Stätten – Erinnerung, Gegenwart und Prophezeiung des lebendigen Gottes,* wo es explizit heißt: „Das ökumenische Engagement kann an den heiligen Stätten ganz ausgezeichnet gefördert werden, denn sie sind äußerst geeignete Orte für jene Bekehrung des Herzens und jene Heiligkeit des Lebens, die die Seele der ganzen ökumenischen Bewegung sind" (Nr. 12).[37] 2004 widmet derselbe Päpstliche Rat seinen europäischen Kongress über Wallfahrtsorte und Wallfahrten dem Thema *„Ökumenismus der Heiligkeit" – Die Wallfahrt zu Beginn des 3. Jahrtausends.* Ökumene stelle selbst eine Pilgerfahrt dar, sei Ausdruck der pilgernden Kirche, des ganzen Volkes Gottes unter der Führung des Heiligen Geistes, der in die ganze Wahrheit einführe (Joh 16,13). Als konkrete und fundamentale Aspekte des ökumenischen Weges gelten die Bereitschaft zu Bekehrung und Versöhnung, die Anerkennung der Heiligkeit anderer, das gemeinsame Gebet, das Zeugnis des Glaubens, der Dienst der Liebe sowie die gemeinsame Hoffnung. Gedacht ist bei all diesen Äußerungen von katholischer Seite an konkrete Pilgerwege, wie den Elisabethpfad, der auch bei Nichtkatholiken hoch im Kurs steht, oder den Lutherpilgerweg, der eine ökumenische Initiative von evangelischer Seite ist.

Wie ist im Verhältnis dazu der ökumenische „Pilgerweg der Gerechtigkeit und des Friedens" des Ökumenischen Rates der Kirchen einzuschät-

---

[35] *Päpstlicher Rat zur Förderung der Einheit der Christen:* Ökumenisches Direktorium, Vatikan 1993, siehe www.vatican.va/roman_curia/pontifical_councils/chrstuni/general-docs/rc_pc_chrstuni_doc_19930325_directory_ge.html (aufgerufen am 30.11.2014).

[36] *Walter Kasper:* Wegweiser Ökumene und Spiritualität, Freiburg i. Br. 2007, 63.

[37] *Päpstlicher Rat der Seelsorge für Migranten und Menschen unterwegs:* Heilige Stätten – Erinnerung, Gegenwart und Prophezeiung des lebendigen Gottes, Vatikan 1999: www.vatican.va/roman_curia/pontifical_councils/migrants/documents/rc_pc_migrants_doc_19990525_shrine_en.html (aufgerufen am 30.11.2014).

zen? Die Einladung, die der Zentralausschuss des ÖRK am 8. Juli 2014 dazu ausgesprochen hat, enthält wichtige Selbstpositionierungen, die eine solche Einschätzung erlauben:

„Das Wort ‚Pilgerweg' wurde gewählt, um auszudrücken, dass es sich um einen Weg mit einer tiefen spirituellen Bedeutung und mit hochtheologischen Konnotationen und Auswirkungen handelt. Als ‚Pilgerweg *der* Gerechtigkeit und des Friedens' ist es weder ein Weg hin zu einem konkreten Ort auf der Landkarte, noch eine einfache Form des Aktivismus. Es ist vielmehr ein verwandelnder Weg, zu dem Gott aufgerufen hat, in Erwartung des letztlichen Ziels für die Welt, das der dreieinige Gott bewirkt."[38]

Der ökumenische Pilgerweg führt weder an einen konkreten Wallfahrtsort – man ist nur im übertragenen Sinn unterwegs – noch ist er reiner Aktionismus. Er ist eine Allegorie, ein deutlich greifbares Zeichen der Solidarisierung mit allen Unterdrückten, Armen, Geknechteten, ja mit der gesamten notleidenden Schöpfung Gottes. Es soll zum Ausdruck kommen, dass Christen es ernst meinen mit der Geschwisterlichkeit in Christus. Doch bleibt es der jeweiligen konkreten Umsetzung überlassen, ob der Bittcharakter, der doxologische Charakter oder der Nachfolgecharakter mehr akzentuiert werden. Trotz dieses entscheidenden Unterschiedes kommt Pilgern als Gedenken (der Herkunft von Gott), als Gegenwart (Gottes) und als Prophezeiung (der himmlischen Heimat)[39] zum Ausdruck. Und noch eine wichtige Parallele zeichnet sich ab, fragt man nach dem Verhältnis dieses Pilgerweges zur Erlösung. Es scheint nämlich eine Gefahr auf, die der katholischen Seite seit Jahrhunderten vertraut ist, die Versuchung zu meinen, aus eigenen Stücken etwas für die Erlösung anderer tun zu können. Katholische Pilgertheologie begegnet dieser Versuchung durch die Haltung des Anheimstellens. In eschatologischer Verwiesenheit wird der weitere Verlauf Gott anheim gestellt. In dieser Haltung kann sich auch auf dem „Pilgerweg der Gerechtigkeit und des Friedens" eine echte ökumenische Verbundenheit zeigen, die gemeinsam betet: „Herr, mache uns zu einem Werkzeug deines Friedens."[40]

---

[38] *ÖRK-Zentralausschuss:* Einladung zum Pilgerweg der Gerechtigkeit und des Friedens, Genf 2014, siehe: www.oikoumene.org/de/resources/documents/central-committee/geneva-2014/an-invitation-to-the-pilgrimage-of-justice-and-peace (aufgerufen am 29.11.2014).

[39] Vgl. das Tagungsthema in Anm. 37.

[40] Gebet des „Souvenir Normand" (1912), vgl. *Frieder Schulz:* Neue Forschungen über das so genannte Franziskusgebet, in: Jahrbuch für Liturgik und Hymnologie 41 (2002), 46–53.

Eine versöhnungstheologische Reflexion des Pilgerwegs der Gerechtigkeit und des Friedens – mit Karl Barth und Reinhold Niebuhr

Dominik Gautier[1]

Im Interesse „ökumenischen Erinnerns" nimmt dieser Beitrag die Amsterdamer Gründungsversammlung des Weltkirchenrates 1948 zum Ausgangspunkt für die Frage nach der theologischen Reflexion des *Pilgerwegs der Gerechtigkeit und des Friedens*, wie er im Anschluss an die Ökumenische Vollversammlung in Busan/Südkorea im Jahr 2013 ausgerufen wurde.[2] Im Jahr 1948 kamen Menschen unter dem Thema *Die Unordnung der Welt und Gottes Heilsplan* in Amsterdam zusammen, um danach zu fragen, welchen Weg das Evangelium (Gottes Heilsplan) aus der durch das Kriegsende entstandenen Orientierungslosigkeit (Unordnung der Welt) herausweisen konnte. Den Teilnehmenden war es bewusst, dass gerade die Kirchen in die krisenhafte Gewalt des 20. Jahrhunderts verstrickt waren, indem sie Unrecht unterstützten oder geschehen ließen – und, dass diese Einsicht der theologischen und kirchlichen Auseinandersetzung bedurfte, die an den Kern der christlichen Lehre zu gehen hatte. Der Weltkirchenrat widmete sich daher dem zentralen theologisch-ethischen Verständnis der Versöhnung zwischen Gott und den Menschen und ihren Konsequenzen für das kirchliche Handeln in der kriegsverwüsteten Welt. Die Amsterdamer Fragen können folgendermaßen angerissen werden: Was

---

[1]   Dominik Gautier forscht zum Christlichen Realismus Reinhod Niebuhrs und unterrichtet Systematische Theologie als wissenschaftlicher Mitarbeiter an der Carl von Ossietzky Universität Oldenburg.

[2]   Vgl. *Ökumenischer Rat der Kirchen* (Hg.): Eine Einladung zum Pilgerweg der Gerechtigkeit und des Friedens, siehe: www.oikoumene.org/de/resources/documents/central-committee/geneva-2014/an-invitation-to-the-pilgrimage-of-justice-and-peace (aufgerufen am 5. November 2014).

kann es in einer solchen Situation bedeuten, dass Gott die Menschen durch den gekreuzigten und auferstandenen Jesus Christus in ihrer Sünde ergreift, richtet und heilsam verwandelt? Wie ist es zu verstehen, dass Gott die Menschen mit sich selbst sowie mit ihren Mitmenschen versöhnt – und, dass die Kirche dadurch in Gerechtigkeit und Frieden leben und sich für Versöhnung einsetzen kann?[3] Dieser ökumenischen Suchbewegung im Feld der Theologie und Ethik der Versöhnung soll anhand der zueinander in Spannung stehenden Amsterdamer Positionen Karl Barths und Reinhold Niebuhrs nachgegangen werden. Zum Schluss soll bedacht werden, inwieweit die Versöhnungsverständnisse Barths und Niebuhrs dazu verhelfen können, eine theologische Reflexion des Pilgerwegs der Gerechtigkeit und des Friedens für die ökumenische Bewegung zu gewinnen.

1. Karl Barths Amsterdamer Vortrag über das Versöhnungswerk Gottes und das Zeugnis der ökumenischen Bewegung

Karl Barth (1886–1968) wurde als Hauptreferent nach Amsterdam eingeladen und erklärte gleich zu Beginn der Versammlung, dass das Thema *Die Unordnung der Welt und Gottes Heilsplan* falsch gewählt ist. Im Hintergrund dieser Aussage steht die bekannte theologische Wende vom deutschnationalen „Kulturprotestantismus" zur „Theologie des Wortes Gottes", mit der Barth die theologische Landschaft zu Beginn des 20. Jahrhunderts revolutionierte und darauf verwies, dass Gott sich nicht in einer kriegstreibenden „Kultur" offenbart, sondern ausschließlich im versöhnenden Geschehen in Jesus Christus.[4] Nach Barth muss also auch die ökumenische Bewegung mit ihrer Theologie „oben" beginnen, mit *Gottes Heilsplan,* mit dem Reden von der durch Jesus Christus geschehenen Versöhnung zwischen Gott und Mensch. In den Vorbereitungsmaterialien zur Konferenz ist nach Barth zu viel von der Illusion der menschlichen Machbarkeit der Versöhnung zu spüren. „Unten" zu beginnen, bei den menschlichen Kalkulationen zur Überwindung der *Unordnung der Welt,* bei der Unversöhntheit der Menschen, kann, so Barth, nur noch einmal in

---

3   *Ökumenischer Rat der Kirchen* (Hg.): Die Unordnung der Welt und Gottes Heilsplan, Erster Band: Die Kirche in Gottes Heilsplan, Zürich 1948, 8–10.
4   Vgl. *Eberhard Busch:* Die große Leidenschaft. Einführung in die Theologie Karl Barths, Gütersloh 1998, 25–31.

das Nichts führen.[5] Vor Augen führt dies vor allem das Verhalten der Deutschen Christen und ihrer Mitlaufenden in der deutschen Kirche, die offen oder stillschweigend davon ausgegangen waren, dass die nationalsozialistische totale „Durchherrschung" des Lebens die Erlösung Deutschlands bringen würde.[6] Die Menschen bedürfen nach Barth aber einer ganz anderen Versöhnung als der Versöhnungsillusion, die ihren eigenen gut gemeinten, aber korrupten Gedanken entspringt. Das Thema der Gründungsversammlung musste der Vorrangigkeit des Versöhnungswirkens Gottes gerecht werden und deshalb anders lauten, nämlich *Gottes Heilsplan und die Unordnung der Welt.*[7]

Was ist mit *Gottes Heilsplan* bei Barth gemeint und wie verhält sich dieser zur kriegszerrütteten Welt? Seine Versöhnungslehre legte Barth erst Ende der 1950er Jahre mit dem vierten Band der *Kirchlichen Dogmatik* vor, aber auch aus dem Amsterdamer Vortrag kann ein Eindruck von *Gottes Heilsplan* als Gottes Versöhnungswerk gewonnen werden: Gott kehrt die Menschen in Jesus Christus ein für alle mal zu sich um. Gott und die Menschen sind durch das Kreuz und die Auferstehung Jesu Christi unwiderruflich miteinander versöhnt.[8] Barth wehrt sich gegen die falsche Vorstellung, als wäre die Herausforderung der Versöhnung auf die ökumenische Bewegung übergegangen, die nun, als wäre Gott tot, die Versöhnung zu leisten, die Unordnung der Welt zu beseitigen hätte – gleichsam als politische Manager der Versöhnung. Die Menschen hätten zu akzeptieren, dass Gott die Menschen durch das Kreuz und die Auferstehung Jesu Christi „ganz anders" richtet und aufrichtet als es die Menschen zu leisten in der Lage sind. Die Ökumene ist – so möchte ich Barth interpretieren – der Pilgerweg der Menschen, auf dem die Hoffnung auf Versöhnung, das Anliegen der versöhnten Weltgemeinschaft, ganz und gar Gott übereignet wird. Füllen die Menschen die Ökumene mit ihren eigenen Vorstellungen von Versöhnung, muss der Pilgerweg der Gerechtigkeit und des Friedens scheitern, weil die Bewegung sich dem Geist Gottes verschließt und stattdessen selbst die Kontrolle übernehmen will – als wäre die Kirche eine „Nichtregierungsorganisation" mit „christlichem Marshallplan". Ökumene bedeutet

---

[5] Vgl. *Karl Barth:* Die Unordnung der Welt und Gottes Heilsplan, in: *Karl Barth/Jean Daniélou/Reinhold Niebuhr:* Amsterdamer Fragen und Antworten, Theologische Existenz Heute 15/1949, 3.

[6] Vgl. *Busch,* Leidenschaft, 38–41.

[7] Vgl. *Barth,* Unordnung, 3.

[8] Vgl. *Karl Barth:* Die Lehre von der Versöhnung. Erster Teil, KD IV/I, Zürich 1956, 85.

dagegen nach Barths Amsterdamer Vortrag gemeinsames Zeugnis der Versöhnung: Nicht mehr, aber auch nicht weniger. Wenn die Menschen der Ökumene diese Freiheit von der Sorge um die Versöhnung leben und sich auf den Weg der Zeugenschaft der von Gott bereits heraufgeführten Versöhnung begeben, wird sich die Überwindung der *Unordnung der Welt,* der Unversöhntheit der Weltgemeinschaft, auch im Feld der konfessionellen Verschiedenheit, der Verkündigung und Mission sowie des Sozialen und Politischen einstellen.[9]

Wie kann nun das Zeugnis der Versöhnung nach Barth aussehen? Barths Antworten auf diese Frage lassen sich anhand seiner Diskussion der Themenfelder der Amsterdamer Konferenz nachvollziehen. In der ersten thematischen Sektion *Die Kirche in Gottes Heilsplan* erörtert Barth die Herausforderung der konfessionellen Getrenntheiten. Angesichts des Anspruchs der durch Gott bewirkten Versöhnung, ist es für ihn geboten, dass die Christinnen die Behauptung ihrer konfessionellen Identitäten aufgeben müssen. Für Barth ist es Gott, der die Menschen auf den Weg der Ökumene zusammenruft und miteinander versöhnt – es sind nicht die Menschen, welche die Wahrheit des Evangeliums besitzen und durch konfessionelle Profile beweisen können. Die Versöhnung zu bezeugen, bedeutet, sich im *Heilsplan Gottes* zu verorten und damit Gott die Sache der Ökumene anzuvertrauen. Insofern kritisierte Barth die Tatsache, dass in Amsterdam das Abendmahl konfessionell getrennt gefeiert wurde und die konfessionellen Unterschiede damit ihre Fortschreibung fanden. Wenn es nicht zu einem gemeinsamen Abendmahl kommen konnte, erklärt Barth, hätte eben auch *kein* Abendmahl gefeiert werden können. Damit hätten die Menschen der ökumenischen Bewegung bezeugt, dass sie sich nicht gegen Gottes Versöhnungstat „auflehnen", indem sie eigenmächtig darüber bestimmen, wer zur Abendmahlsgemeinschaft mit Jesus Christus gehört und wer ausgeschlossen ist, sondern bezeugt, dass sie nur noch darauf warten, dass die Versöhnungstat Gottes auch im Miteinander der Konfessionen ihre Wirkung zeigt. Barths Versöhnungstheologie lässt ihn auch die Sorge der Ökumene um die fortschreitende Säkularisierung und die sinkende Anzahl von Kirchenmitgliedern in der Sektion *Die Kirche bezeugt Gottes Heilsplan* kritisch sehen: Wie können die Autoren nur die kirchlichen Entwicklungen betrauern, wenn sie sich doch angesichts des Versöhnungswerkes Gottes nur freuen können? Für Barth lebt die Kirche einzig und allein

---

[9]   Vgl. *Barth,* Unordnung, 4–6.

von der Versöhnung, nicht von der Anzahl ihrer Mitglieder. Jede Kalkulation „vernebelt" das Evangelium und hindert die Ökumene daran, die „frohe Botschaft" in Verkündigung und Mission zu bezeugen.[10] Für einen Pilgerweg der Gerechtigkeit und des Friedens, der sich von Gottes Versöhnungshandeln her begreift, kann von Barth das Aushalten (konfessioneller) Unterschiede in der Hoffnung auf ausstehende Gemeinschaft sowie die Freude und das Feiern aufgrund der bereits geschehenen Versöhnung gelernt werden.

Eine weitere gedankliche Vertiefung kann der Pilgerweg der Gerechtigkeit und des Friedens auch erhalten, wenn die ökumenische Bewegung Barth in seiner Verhältnisbestimmung von Kirche und Staat folgt. Barth berührt mit der Diskussion dieses Beziehungsfeldes die dritte und vierte thematische Sektion der Amsterdamer Konferenz (*Die Kirche und die Auflösung der gesellschaftlichen Ordnung* und *Die Kirche und die internationale Ordnung*). Ergriffen von der Versöhnungstat Gottes, gilt es auch hier für die Menschen, ihre geistliche Freiheit zu bewahren und sich bei der sozialen wie politischen Versöhnung allein auf Gott zu verlassen. Für das Verhältnis von Kirche und Staat gilt für Barth nach 1945 das, was schon immer für die Kirche gegolten hat. Nur muss die Kirche ihren prophetischen Auftrag ernster nehmen als zuvor. In der Wahrnehmung des politischen Wächteramtes sowie des sozialen Dienstes soll die Versöhnungstat Gottes in der Welt bezeugt werden. Wenn die Christen *allein* die Versöhnungstat Gottes bezeugen, dann hat dieses Zeugnis eine ideologiekritische Wirkung. Wenn nämlich nur diese Versöhnungstat anzuerkennen ist, kann keine soziale und politische Ideologie oder ein Parteiprogramm einen Anspruch auf die ökumenische Sache haben.[11] Hier scheint das Erbe der Barmer Erklärung durch, dass nicht der Nationalsozialismus, sondern allein Jesus Christus den Anspruch auf das Leben der Kirche und der einzelnen Glaubenden hat.[12]

Vor dem Hintergrund des aufkommenden Kalten Krieges und der nordamerikanischen Überpräsenz auf der Amsterdamer Konferenz verdächtigt Barth die Versammlung der Ideologie des Antikommunismus, weil das Problem des Kapitalismus in den Vorbereitungspapieren ausgespart bleibt, ob-

---

[10] Vgl. *Barth,* Unordnung, 6–7 und zur Interpretation auch *Annelore Siller:* Kirche für die Welt. Karl Barths Lehre vom prophetischen Amt Jesu Christi, Zürich 2009, 311–322.
[11] Vgl. *Barth,* Unordnung, 8–10.
[12] Vgl. *Busch,* Leidenschaft, 38–41.

wohl die Entscheidung zwischen „Gott oder dem Mammon", so Barth, von *Gottes Heilsplan* her eindeutig anzugehen ist.[13] Festzuhalten bleibt, dass Barth seine Gedanken der Zeugenschaft der Versöhnung im Interesse konstruktiver Kritik vorträgt und sie auch heute so rezipiert werden können. Wenn mit dem Pilgerweg der Gerechtigkeit und des Friedens neben der Unverzichtbarkeit ökumenischer Aktionsprogramme auch die theologische Tiefendimension ökumenischen Lebens bedacht werden soll, kann Barth hier die Impulse geben.

2. Reinhold Niebuhrs Kritik an Karl Barth, sein Amsterdamer Vortrag und das Gewaltbewusstsein der ökumenischen Bewegung

Im Anschluss an Barths Gedanken zur versöhnungstheologischen Grundlegung der Ökumene soll nun ein Blick auf Reinhold Niebuhrs Kritik an Barth geworfen werden, die in der Frage nach einer versöhnungsethischen Grundlegung des Pilgerweg der Gerechtigkeit und des Friedens weiterhelfen kann. Im Wesentlichen kritisiert Niebuhr (1892–1971), der US-amerikanische Theologe und politische Intellektuelle, dass Barth die theologisch gesetzte Tatsache der Versöhnung nicht auf die konkrete Verantwortung der Ökumene bezieht, sondern innerhalb dogmatisch-zeitlosen Denkens verbleibt.[14]

Niebuhr, der häufig auch als US-amerikanischer Barth verstanden wird, stimmt mit Barth darin überein, dass Gottes versöhnende Liebe in Jesus Christus das erste und letzte Wort in der Frage menschlichen Handelns zu haben hat. Er selbst brachte diese Einsicht seit Anfang der 1930er Jahre kritisch gegenüber den Vertretern der US-amerikanischen liberalen Bewegung des *Social Gospel* ein. Niebuhr sorgte damit ähnlich wie Barth für einen theologischen Eklat, weil er den liberalen Mainstream hinterfragte, der sich seiner Ansicht nach in das Reich Gottes hineinträumte. Dieser Mainstream merkte nämlich nicht, so Niebuhr, dass er lediglich auf dem Weg dazu ist, eine (weiße) Bürgerlichkeit für alle durchzusetzen. Das Reich *Got-*

---

[13] Vgl. *Barth*, Unordnung, 9 und zur Interpretation auch *Wolf Krötke:* Karl Barth und der „Kommunismus". Erfahrungen mit einer Theologie der Freiheit in der DDR, Zürich 2013, 9–20.

[14] Vgl. *Reinhold Niebuhr:* Wir sind Menschen und nicht Gott, in: *Karl Barth/Jean Daniélou/Reinhold Niebuhr:* Amsterdamer Fragen und Antworten, Theologische Existenz Heute 15/1949, 25–27.

tes, so Niebuhrs Position, ist das Reich Gottes und ist als solches gegen das „Reich der Menschen" ideologie-kritisch und eschatologisch-vorbehaltend stark zu machen[15]

Niebuhr bleibt aber nicht bei dieser Einsicht stehen, sondern beharrt darauf, dass die Erfahrung der versöhnenden Liebe Gottes in die Welt hinein übersetzt werden muss. Er hält damit anders als Barth doch an der liberalen Betonung gesellschaftspolitischen christlichen Handelns fest: Die Liebe Gottes, welche die Menschen erfahren, muss in ihrem Engagement für Gerechtigkeit und Frieden ihre soziale und politische Form annehmen. Die Erfahrung der versöhnenden Liebe und das Ringen um Versöhnung in Form von Gerechtigkeit und Frieden sind das, was die Versöhnung als Ganze ausmacht. Theologisch gesprochen werden die Menschen im Versöhnungsgeschehen in ihrem sündhaften Willen zur Macht gerichtet – sie werden konstant von der Krankheit geheilt, die Welt nach ihrem Gefallen, ihren Vorurteilen und Interessen zu gestalten. Niebuhr formuliert dies christologisch: Das alte Selbst wird mit Jesus Christus gekreuzigt (Gal 2,19). Die Menschen werden aber gleichzeitig im Versöhnungsgeschehen gerechtigkeits- und friedensfähig gemacht und stetig zum Engagement für Versöhnungsarbeit aufgerichtet. Wieder argumentiert Niebuhr christologisch: Das neue Selbst lebt mit Jesus Christus (Gal 2,20).[16] Dabei sagt Niebuhr nicht, dass die Menschen nun einfach wissen, was Gerechtigkeit und Frieden sind, wohl aber, dass sie die Erfahrung der Versöhnungstat Gottes immer wieder kritisch in die Versöhnung unter den Menschen ruft – und, dass es sie immer wieder überprüfen lässt, wie sie der Liebe Gottes entsprechend Versöhnung konkret verwirklichen können.[17]

Im historischen Zusammenhang des Nationalsozialismus hat Barths Theologie ihren Platz gehabt, erklärt Niebuhr. Es ist wichtig und richtig gewesen, davon zu sprechen, dass allein Gott „oben" ist und die Deutschen „unten", dass Gott es ist, der den Weg weist und nicht das nationalsozialistische Projekt. Die klaren Aussagen, wie die der Barmer Erklärung, haben ihre Wirkung in der Situation des Nationalsozialismus gezeigt, in welcher

---

[15] Vgl. *Gary Dorrien:* Christian Realism. Reinhold Niebuhr's Theology, Ethics, and Politics, in: *Daniel F. Rice* (ed.): *Reinhold Niebuhr* Revisited. Engagements with an American Original, Grand Rapids 2009, 25–26.

[16] Vgl. *Niebuhr,* Menschen, 27–29.

[17] Vgl. *Niebuhr,* Menschen, 26–27 sowie vor allem auch das theologische Hauptwerk *Reinhold Niebuhr:* The Nature and Destiny of Man. A Christian Interpretation, Volume II: Human Destiny, Louisville 1942, 107–126.

„der Teufel beide Hörner zeigt", also Gut und Böse eindeutig voneinander zu unterscheiden gewesen sind. In der Nachkriegssituation aber, in der um die zukünftige Ausrichtung der Welt gerungen werden muss, verstecken sich die Christinnen Deutschlands hinter dem Reden von der Versöhnung. Sie beten, so Niebuhr, hinter den Kirchenmauern an den anstehenden Herausforderungen des Wiederaufbaus vorbei und arbeiten nicht an den tiefgreifenden Verletzungen, die durch den Krieg entstanden sind. Was Barth anbietet, ist für Niebuhr eine „realisierte Eschatologie", ein Triumph ohne Kreuz, eine Krone ohne das Ringen mit den Herausforderungen der Zeit. Wenn, wie im beginnenden Kalten Krieg, „der Teufel nur ein Horn zeigt", also Gut und Böse nicht mehr so leicht zu identifizieren sind, dann lässt Barth die Christen mit seiner Botschaft von der Vorrangigkeit des Versöhnungshandelns Gottes allein. Niebuhr deutet Barths Vortrag damit als verantwortungsloses Plädoyer für selbstgerechten Glauben mit fatalen Konsequenzen des Nichtstuns, als eine Botschaft von *Gottes Heilsplan* ohne Bedeutung für die *Unordnung der Welt* – und dies hinsichtlich des drängenden Versöhnungsbedarfs zwischen den verfeindeten Nachkriegsnationen. Der Glaube an die reine Liebe Gottes kann nicht für die Kirche konserviert, sondern muss, so Niebuhr, riskiert werden – im „dreckigen" Ringen um Versöhnung in der Welt.[18]

Aus diesem Grund sieht er die ökumenische Bewegung als geeignet an, die vermeintlichen „Stilllegungen" wie die der Theologie Barths zu korrigieren und eine christliche Existenz der Versöhnung einzuüben, die, so schwer es fällt, nicht an der Wahrnehmung historischer Gewalt vorbei, sondern – so lässt es sich auf das neue ökumenische Programm beziehen – den „Pilgerweg" durch diese Verletzungen hindurchweist.[19] Den gleichen Gedanken äußert Niebuhr auch in seinem Amsterdamer Vortrag.[20] Der Pilgerweg der Gerechtigkeit und des Friedens braucht, so kann mit Niebuhr geschlossen werden, diese versöhnungsethische Grundlegung, die Menschen die Wirkungen der Versöhnungstat Gottes durchdenken lässt und sie für die „Wunden" ihrer Zeit bewusst und entsprechend handlungsfähig macht.

---

[18] Vgl. *Niebuhr,* Menschen, 27-28.
[19] Vgl. *Niebuhr*; Menschen, 29.
[20] Vgl. *Reinhold Niebuhr:* The Christian Witness in the Social and National Order, in: *Robert McAfee Brown* (ed.): The Essential Reinhold Niebuhr. Selected Essays and Addresses, New Haven/London 1986, 100–101.

3. Karl Barth, Reinhold Niebuhr und die Dimensionen des Pilgerwegs der Gerechtigkeit und des Friedens

Die Ausführungen zur Theologie und Ethik der Versöhnung bei Barth und Niebuhr sollen nun abschließend im Hinblick auf die bereits angeklungenen Überlegungen zur Reflexion des Pilgerwegs der Gerechtigkeit und des Friedens betrachtet werden. Der Pilgerweg wird vom Ökumenischen Rat der Kirchen als dynamische, spirituelle und gesellschaftspolitische Einheitsbewegung der Kirchen verstanden. Als solcher hat der Pilgerweg anschließend an Überlegungen Dorothee Sölles drei Dimensionen, die das Feiern der Gaben des Lebens (*via positiva*), die Auseinandersetzung mit den „Wunden" der Ökumene (*via negativa*) sowie das Angehen der heilsamen Veränderung der unversöhnten Welt (*via transformativa*) umfassen.[21]

Die Überlegungen Barths zur versöhnungstheologischen Grundlegung der Ökumene können die Dimension der *via positiva* buchstabieren helfen, indem mit ihm die Versöhnung als Gabe Gottes an die Menschen gedacht und gefeiert werden kann – in der Erwartung kirchlicher Einheit und der Gerechtigkeit und des Friedens, die in Jesus Christus bestätigt sind und allein durch Gott aufgerichtet werden. Auf einer so verstandenen *via positiva* kann Offenheit für die heilsame Unterbrechung der Versöhnungstat Gottes eingeübt werden, welche uns in unseren eigenen Vorstellungen von Ökumene, Gerechtigkeit und Frieden infragestellt und so erst zu kritischen Zeuginnen der Versöhnung werden lässt. Aber mit der *via positiva* sowie den Barthschen „Unterbrechungen" ist nur eine Dimension des Pilgerwegs beschrieben.[22] Die *via negativa,* das Wahrnehmen der „Wunden" der Weltgemeinschaft, kann mit den versöhnungsethischen Überlegungen Niebuhrs angegangen werden. Mit Niebuhr gehört die Wahrnehmung der Sünde in den Formen der Machtbehauptung und Selbstverleugnung samt ihrer gewaltvollen Konsequenzen in die Mitte der Ökumene.[23] Das Versöhnungswerk Gottes, so lässt sich die via negativa mit Niebuhr verstehen, kann nur wirklich bezeugt werden, wenn sie im Gegenüber zu den Realitäten der Gewalt in all ihren Dimensionen bekannt sowie angesichts der eigenen sündhaften Gewaltverwicklung selbstkritisch bedacht wird. In der Frage nach der *via transformativa* als derjenigen Dimension des Pilger-

---

[21] Vgl. *Ökumenischer Rat,* Pilgerweg sowie *Dorothee Sölle,* Mystik und Widerstand. Du stilles Geschrei, München 1999, 122–128.
[22] Vgl. *Ökumenischer Rat,* Pilgerweg.
[23] Vgl. *Ökumenischer Rat,* Pilgerweg.

wegs der Gerechtigkeit und des Friedens, welche das Feld einer theologischen Ethik der Überwindung von Gewalt berührt, ist heute vor allem auch gegen die privilegierten Theologen Barth und Niebuhr an die friedenskirchlichen, rassismuskritischen, feministischen oder queeren Stimmen in der Ökumene anzuschließen, von denen die Geschichte der ökumenischen Bewegung zeugt.[24] Niebuhr kann dennoch dazu motivieren, den Weg des Widerstands gegen die Gewalt als versöhnungsethisch unverzichtbar zu durchdenken – auch, wenn sich die Ökumene längst und zurecht gegen die auch von ihm vertretene Vorstellung eines „gerechten Krieges" zugunsten des Vertrauens in den „gerechten Frieden" verabschiedet hat. Ein wichtiger Schritt auf diesem Weg stellte die Amsterdamer Konferenz dar, indem sie erklärte: „Krieg soll nach Gottes Willen nicht sein."[25] Auch Barth, der kein weniger ambivalentes Verhältnis zur Gewalt aufweist, kann trotzdem bedenken helfen, dass der Weg der Überwindung von Gewalt nur dann ein Zeugnis der Versöhnung darstellt, wenn er selbst schon vom Frieden und der Gerechtigkeit Gottes in der Welt zeugt.

---

[24] Vgl. *Ökumenischer Rat*, Pilgerweg.
[25] *Ökumenischer Rat der Kirchen* (Hg.): Die Unordnung der Welt und Gottes Heilsplan, Vierter Band: Die Kirche und die internationale Unordnung, Zürich 1948, 260–262.

Eine Einladung zum Pilgerweg der Gerechtigkeit und des Friedens[1]

„Wir wollen den Weg gemeinsam fortsetzen. Herausgefordert durch unsere Erfahrungen in Busan rufen wir alle Menschen guten Willens dazu auf, ihre von Gott gegebenen Gaben für Handlungen einzusetzen, die verwandeln. Diese Vollversammlung ruft euch auf, euch unserer Pilgerreise anzuschließen. Mögen die Kirchen Gemeinschaften der Heilung und des Mitgefühls sein, und mögen wir die gute Nachricht aussäen, damit Gerechtigkeit gedeihen kann und Gottes tiefer Frieden auf der Welt bleibe.“ – Botschaft der 10. Vollversammlung

I. Einladung den Weg gemeinsam fortzusetzen

Die Vollversammlung des Ökumenischen Rates der Kirchen (ÖRK) 2013 in Busan rief Christinnen und Christen und alle Menschen guten Willens überall auf der Welt auf, sich einem Pilgerweg der Gerechtigkeit und des Friedens anzuschließen. Herausgefordert durch unsere Erfahrungen in Busan rufen wir alle Menschen – Junge und Alte, Männer und Frauen, mit und ohne Behinderungen, Menschen aller Religionen – auf, ihre gottgegebenen Gaben gemeinsam einzusetzen, um Verwandlung herbeizuführen. In erster Linie rufen wir unsere Mitgliedskirchen und Partner auf, sich gemeinsam auf die Suche zu begeben und unsere Berufung als Kirche durch ein gemeinschaftliches Engagement für die äußerst wichtigen Anliegen der Gerechtigkeit und des Friedens zu erneuern und eine Welt zu heilen, in der Konflikte, Ungerechtigkeit und Schmerz herrschen.

Durch die Teilhabe an Gottes Gabe der Einheit und Gottes Mission der Gerechtigkeit und des Friedens (missio Dei) wollen wir auf Gottes Willen für diese Welt antworten, indem wir Gemeinschaften der Gerechtigkeit und des Friedens werden und das Zusammensein dieser Gemeinschaften feiern.

---

[1] Zentralausschuss des Ökumenischen Rates der Kirchen, 2.–8. Juli 2014, Genf, Schweiz, Dokument Nr. GEN 05 rev.

II. In Gemeinschaft wachsen – ein Pilgerweg der Gerechtigkeit und des Friedens

In der Erklärung zur Einheit der Vollversammlung heißt es: „Die Einheit der Kirche, die Einheit der menschlichen Gemeinschaft und die Einheit der ganzen Schöpfung sind miteinander verwoben. Christus, der uns eins macht, ruft uns auf, in Gerechtigkeit und Frieden zu leben, und spornt uns an, gemeinsam für Gerechtigkeit und Frieden in Gottes Welt einzutreten."

Die Botschaft der ersten ÖRK-Vollversammlung 1948 in Amsterdam hatte den Willen der Kirchen zum Ausdruck gebracht, „beieinander zu bleiben". Spätere Vollversammlungen bekräftigten diesen Willen. Die Kirchen blieben beieinander und arbeiteten gemeinsam an theologischen Erklärungen, sie engagierten sich gemeinsam in der Mission und im Dienst, in der Hoffnung, dass sie auf das Ziel der sichtbaren Einheit hin zusammenwachsen würden.

Indem sie erklärten, „Wir wollen den Weg gemeinsam fortsetzen" und alle Menschen guten Willens aufriefen, „sich der Pilgerreise anzuschließen", reagierten die Delegierten der Vollversammlung in Busan auf eine neue Art und Weise auf die heutigen, kontextuellen Herausforderungen für das Zeugnis und das eigentliche Wesen der Kirchen, auf die Bedürfnisse der Menschen und der Schöpfung, die sich nach Gerechtigkeit und Frieden sehnen, und auf die Wahrnehmung vieler junger Menschen, die eifrig nach Zeichen der Hoffnung Ausschau halten.

Die 10. Vollversammlung half uns zu sehen, dass wir bereits gemeinsam unterwegs sind. Unser Engagement für Einheit in unserem christlichen Glauben ist Antwort auf Gottes Gabe des Lebens und Gottes Aufruf, in Gemeinschaft zu wachsen. Diese Gemeinschaft ist eine spirituelle Gabe und wurde uns von Gott durch den Glauben und die Taufe der Kirche geschenkt. Diese Einheit im Glauben ist aber auch menschlicher Natur und ein Ausdruck davon, geschaffen und gesegnet worden zu sein. Sie manifestiert sich als eine Einheit, die auf den zentralen Werten der *koinonia* beruht, die eine rechte Beziehung herstellen und erhalten: Gerechtigkeit und Frieden.

Eine solche Verlagerung von einem statischen hin zu einem dynamischeren Verständnis von Einheit kann eine Herausforderung sein. Verschiedene theologische Traditionen und Kulturen verstehen und praktizieren das Konzept eines „Pilgerwegs" unterschiedlich. Mit der Entscheidung, die Bezeichnung „Pilgerweg *der* Gerechtigkeit und *des* Friedens" zu wählen, und nicht „*zu* Gerechtigkeit und Frieden" oder „*für* Gerechtigkeit und Frieden" hat die Vollversammlung in Busan schon begonnen, sich mit dieser Fragen auseinanderzusetzen. Das Wort „Pilgerweg" wurde gewählt, um auszudrücken, dass es sich um einen Weg mit einer tiefen spirituellen Bedeutung und mit hochtheologischen Konnotationen und Auswirkungen handelt. Als „Pilgerweg *der* Gerechtigkeit und *des* Friedens" ist es weder ein Weg hin zu einem konkreten Ort auf der Landkarte, noch eine einfache Form des Aktivismus. Es ist sich vielmehr ein verwandelnder Weg, zu der Gott aufgerufen hat, in Erwartung des letztlichen Ziels für die Welt, das der dreieinige Gott bewirkt. Die Bewegung der Liebe, die Teil des Wesens des dreieinigen Gottes ist, wird in der Verheißung von Gerechtigkeit und Frieden offenbar. Sie sind Zeichen des kommenden Reiches Gottes, das bereits im Hier und Jetzt sichtbar ist, wenn es Versöhnung und Heilung gibt.

Die Christen sind aufgerufen, an diesen Zeichen von Gottes Reich teilzuhaben und für sie zu kämpfen, als Antwort auf Gottes Willen und Verheißung. Der Pilgerweg der Gerechtigkeit und des Friedens gründet demnach in Gottes eigener Mission für die Welt und im Vorbild Jesu. Jesus nachzufolgen bedeutet, ihn überall da anzutreffen, wo Menschen Opfer von Ungerechtigkeit, Gewalt und Krieg sind. Gottes Gegenwart zusammen mit den schwächsten Menschen, den Verwundeten, den Marginalisierten zu spüren ist eine verwandelnde Erfahrung. Christen sind durch den Geist lebendig gemacht und entdecken ihre tief verankerte Kraft und Energie zur Verwandlung einer ungerechten Welt. Zusammen mit anderen Glaubensgemeinschaften und allen Menschen guten Willens sind sie gemeinsam unterwegs.

Das Streben nach der Einheit der Christen, „damit die Welt glaube" und die Einheit des gesamten Kosmos als letztliches Ziel der eschatologischen Hoffnung auf das Reich Gottes annehme, bleibt das wichtigste Ziel des gemeinsamen Wegs unserer ökumenischen Bewegung. Indem wir Seite an Seite gemeinsam den Weg gehen, laden wir andere ein, sich uns auf unserem Weg für die Heilung und Versöhnung dieser von Leiden und Konflikt gezeichneten Welt anzuschließen.

III. Globaler und lokaler Kontext des Pilgerwegs

Wir unternehmen den Pilgerweg in einer Welt, die dringend nach dem Engagement von Christen und allen Menschen guten Willens verlangt. Sei es im Umweltschutz, in der Wirtschaft, der Friedensarbeit oder dem Einsatz für die Menschenwürde, Christinnen und Christen sehen sich auf lokaler wie auf weltweiter Ebene Angriffen auf die Werte des Evangeliums – Gerechtigkeit und Frieden – gegenüber.

Ironischerweise werden in der Wissenschaft, der Medizin, der Bildung und im Handel erfolgreich beeindruckende neue Horizonte erforscht, gleichzeitig jedoch steht unser Planet kurz vor einer Katastrophe und das Leben an sich ist in seiner Essenz gefährdet. Eine taumelnde Weltwirtschaft lässt Millionen von Menschen nutzlos werden und verschärft Ungleichheit und Armut im Norden wie im Süden. Die Kirchen auf der ganzen Welt kämpfen damit, auf die Folgen dieser Entwicklungen zu reagieren. Die Menschen in Afrika und auf anderen Kontinenten sehen zu, wie ihre reichhaltigen natürlichen Ressourcen exportiert werden, während sie selbst der Armut nicht entkommen. Unkontrollierbare Wetterphänomene und steigende Meeresspiegel erdrücken ganze Gemeinschaften, vom Südpazifik über Europa bis nach Nordamerika. Inmitten geopolitischer Verlagerungen zerstören weit verbreitete Gewalt und Krieg zwischen und innerhalb von Staaten und Bevölkerungen die Lebensgrundlage von Familien im Nahen Osten – insbesondere in Syrien und im Irak –, in Afrika und in Asien. Millionen von Menschen müssen fliehen oder an verheißungsvollere Orte auswandern. Zwangsmigration führt dazu, dass die Verwundbarsten Opfer von Menschenhandel werden. Gewalt und Misshandlung scheinen Frauen und Mädchen ungleich schwerer zu treffen. Ihre Gaben werden unterbewertet, ihre Körper oft missbraucht und häufig gibt es Widerstand gegen ihre Bildung. Und zu alledem kommen die Atomwaffen mit ihrem tödlichen Potential, die, so scheint es, wie in einem Glücksspiel die ganze Welt als Wetteinsatz benutzt.

Die Kirchen sind mit diesen globalen Realitäten konfrontiert, gleichzeitig aber auch mit ihren eigenen Situationen, die sich entscheidend verändern. Wie noch nie zuvor stehen Christen täglich in Kontakt mit Menschen anderer Glaubenstraditionen, vielleicht sogar in der eigenen Familie. Auf ihrer Suche nach neuen Formen authentischer Nachfolge bekunden sie überall ein neues Interesse an Spiritualität und spirituellen Traditionen. Die Kirchen im globalen Süden erleben ein außergewöhnliches Wachstum, während die Kirchen in Europa und Nordamerika erfahren, wie ihre kleineren, alternden Gemeinden um neue Mitglieder mit ganz anderen kulturellen Wurzeln bereichert werden. Obwohl immer mehr Frauen in Führungspositionen vorstoßen, ist die Geschlechterungleichheit in den Kirchen noch immer verbreitet. Trotz der zunehmenden Zahl und der wichtigen Rolle junger Menschen in zahlreichen Gesellschaften bleibt deren Beteiligung oftmals ungenügend oder ist bloß symbolischer Natur. Vielerorts verlieren konfessionelle Merkmale an Bedeutung und die Kirchen erforschen neue Wege des Predigens und Betens. Sie suchen nach neuen Formen, wie wir als Kirchen gemeinsam Zeugnis ablegen können, und nach neuen Führungspersönlichkeiten, die über die Ausbildung und Urteilsfähigkeit verfügen, um das Volk Gottes in diesen neuen Tag hinein zu leiten.

Auch die ökumenische Bewegung hat sich an eine neue Zeit der Vielfalt und der Herausforderungen angepasst. Sie achtet bewusst auf die spirituelle Dimension des Strebens nach Einheit. Sie definiert Mission und Dienst neu. Sie bekräftigt die große Vielfalt der christlichen Gemeinschaften und arbeitet mit ihr, sie geht im Dialog und in der Zusammenarbeit auf andere religiöse Traditionen zu. Vor allem aber will sie die Gemeinschaft stärken, Advocacy koordinieren und Christinnen und Christen und christliche Kirchen überall zur Solidarität ermutigen.

Auf dem gemeinsamen Weg können sich Kirchen, ökumenische Partner und andere auch auf die Ergebnisse der Ökumenischen Gespräche der Vollversammlung stützen sowie auf wichtige Hintergrunddokumente:

- „Die Kirche – Auf dem Weg zu einer gemeinsamen Vision"
- „Gemeinsam für das Leben"
- „Ökonomie des Lebens"
- „Ein ökumenischer Aufruf zum gerechten Frieden"

Ihre Impulse gipfeln in der „Erklärung zur Einheit" der Vollversammlung und im *Aufruf* ihrer Botschaft, sich dem *Pilgerweg der Gerechtigkeit und des Friedens anzuschließen*.

IV. Sich an dem Pilgerweg beteiligen

Pilgerinnen und Pilger, die unterwegs sind, reisen mit leichtem Gepäck und lernen, dass nur das Wesentliche und Notwendige zählt. Sie sind offen für Überraschungen und bereit, durch Begegnungen und Herausforderungen auf ihrem Weg verwandelt zu werden. Alle, die mit offenem Herzen und offenem Geist mit uns gehen wollen, sind willkommene Gefährten (mit denen wir unser Brot teilen). Der Pilgerweg verspricht, ein verwandelnder Weg zu sein, auf der wir uns selbst in neuen Beziehungen der Gerechtigkeit und des Friedens neu entdecken können.

Wo erkennen wir Gott, der zu Gerechtigkeit und Frieden und zur Einheit der Kirchen und der gesamten Menschheit aufruft und darauf hinarbeitet? An dem Pilgerweg der Gerechtigkeit und des Friedens werden

Einzelpersonen, Gemeinden, lokale, regionale und internationale Gemeinschaften teilnehmen und die größten Bedürfnisse in ihrem jeweiligen Kontext neu untersuchen und dabei das Licht des Evangeliums auf die Bedürftigsten scheinen lassen und sich gegenseitig inspirieren, gemeinsam zu handeln.

Der Pilgerweg kann mindestens drei verschiedene Aspekte umfassen – die nicht linear verlaufen, sondern vielmehr in einer dynamischen Wechselbeziehung stehen:

- *Die Gaben feiern (via positiva)*
  Wir sind nicht mit leeren Händen oder alleine unterwegs. Der „ursprüngliche Segen", nach dem Bilde Gottes geschaffen und zusammen – in Gemeinschaft – zu sein, ist, dass wir ein einzigartiger Bestandteil des Lebensnetzes sind, das uns in Erstaunen versetzt. Gemeinsam feiern wir Gottes großartige Gabe des Lebens, die Schönheit der Schöpfung und die Einheit einer versöhnten Vielfalt. Wir fühlen uns ermächtigt von dieser Gnade, an Gottes Bewegung der Liebe, der Gerechtigkeit und des Friedens teilhaben zu dürfen. – Wir empfangen im Gebet.

- *Sich mit den Wunden beschäftigen (via negativa)*
  Der Pilgerweg wird uns an Orte führen, an denen schreckliche Gewalt und Ungerechtigkeit herrschen. Wir wollen auf Gottes menschgewordene Gegenwart inmitten des Leids, der Exklusion und der Diskriminierung schauen. Die wahre Begegnung mit realen, kontextabhängigen Erfahrungen einer zerbrochenen Schöpfung und des sündigen Gebarens gegenüber anderen Menschen kann uns an das Wesentliche des Lebens selbst erinnern. Es kann dazu führen, dass wir Buße tun und uns – in einem Prozess der Reinigung – von der Besessenheit mit Macht, Besitz, Ego und Gewalt befreien, so dass wir Christus immer ähnlicher werden. – Wir lauschen im Gebet.

- *Ungerechtigkeit verwandeln (via transformativa)*
  Wenn wir selbst verwandelt werden, kann uns der Pilgerweg zu konkretem Handeln für Verwandlung führen. Wir können vielleicht den Mut aufbringen, in wahrem Mitgefühl füreinander und für die Natur zu leben. Dazu gehört auch die Stärke, allem Bösen zu widerstehen – aller Ungerechtigkeit und aller Gewalt, auch wenn eine Kirche in einer Minderheitssituation lebt. Wirtschaftliche und ökologische Gerechtigkeit sowie die Heilung der Verwundeten und das Streben nach friedlicher Versöhnung ist unser Auftrag – in jedem Kontext. Die Glaubwürdigkeit unseres Handelns kann

durch die Qualität unserer Gemeinschaft – einer Gemeinschaft der Gerechtigkeit und des Friedens – wachsen. – Wir lassen uns verwandeln durch unser Gebet und unser Handeln im Gebet.

Wir glauben, dass das Vaterunser uns auf unserem Weg helfen wird, uns leiten und uns den gemeinsamen Weg weisen wird.

V. Die Rolle des ÖRK auf dem Pilgerweg der Gerechtigkeit und des Friedens

Der ÖRK konzentriert sich auf die Gemeinschaft der Kirchen und auf seine Rolle, zusammenzurufen, zu koordinieren und zu unterstützen, sowie auf seine Führungsrolle. Durch sein Engagement „deckt er den Tisch" für die Kirchen und für andere Organisationen und Gemeinschaften, einschließlich der weltweiten christlichen Gemeinschaften, kirchlichen Dienste und Werke, interreligiösen Organisationen und zivilgesellschaftlichen Bewegungen, damit diese sich in der Spiritualität und der Praxis, die sie in ihrem Streben nach Verwandlung für Gerechtigkeit, Frieden und Nachhaltigkeit entwickelt haben, austauschen können.

Neben der Ermutigung und Erleichterung der Beteiligung einzelner Mitgliedskirchen und ökumenischer Partner an dem Pilgerweg sollte der ÖRK sich auch selbst an dem Pilgerweg beteiligen. Der Pilgerweg der Gerechtigkeit und des Friedens steht im Zentrum und im Herzen der Strategieplanung des ÖRK in Zusammenarbeit mit den Kirchen und Partnern, um unsere Einheit in Vielfalt, unsere Teilhabe an Gottes Mission, unsere ökumenische Bildung sowie unser öffentliches Zeugnis für gerechten Frieden zu erneuern und zu stärken.

Die globalen Ziele des Rates für die nächste Zeit spiegeln die grundlegenden Dimensionen eines Pilgerwegs der Gerechtigkeit und des Friedens wider. Diese sind:

• *Die Gemeinschaft stärken:* Wenn die Mitgliedskirchen und ökumenischen Partner im Rahmen des Pilgerwegs gemeinsam unterwegs sind und zusammenarbeiten, erleben sie die Gabe der Einheit;

• *Gemeinsam Zeugnis ablegen:* Wenn die Kirchen und ökumenischen Partner zusammen vorangehen, können sie gemeinsam für Gerechtigkeit und Frieden eintreten;

• *Zu Spiritualität, Reflexion und ökumenischer Ausbildung ermutigen:* Wenn die Gemeinschaft zusammen Zeugnis ablegt, wird sie gestärkt, weil gemeinsam Spiritualität aufgebaut wird;

- *Vertrauen und Verständnis aufbauen:* In der gemeinsamen Arbeit für Gerechtigkeit und Frieden ist es notwendig, sich mit allen „Menschen guten Willens" zusammenzutun;
- *Inspirierend und innovativ kommunizieren:* Unterwegs, im Zeugnis, beim Lernen und partnerschaftlichen Zusammenarbeiten ist inspirierende und innovative Kommunikation gefragt, um wirksame Sichtbarkeit zu erreichen.

Diese globalen Ziele des Engagements des ÖRK auf dem Pilgerweg der Gerechtigkeit und des Friedens kommen in seiner Programmarbeit zum Ausdruck. Als Schwerpunkt der Programmarbeit für die nächsten sieben Jahre wird der Pilgerweg der Gerechtigkeit und des Friedens Initiativen in den Gemeinschaften, Advocacy für *gerechten Frieden* auf nationaler und internationaler Ebene miteinander verbinden und sich dabei auf folgende Aspekte konzentrieren:

- lebensbejahende Wirtschaften
- Klimawandel
- gewaltfreie Schaffung von Frieden und Versöhnung
- Menschenwürde

einhergehend mit einer kontinuierlichen Analyse, Untersuchung und Reflexion darüber, was es für die Kirchen in der heutigen Welt bedeutet, sich auf einem Pilgerweg der Gerechtigkeit und des Friedens zu befinden.

Ein Prozess der theologischen Reflexion über den gemeinsamen Pilgerweg, einschließlich der Arbeit der Kommission für Glauben und Kirchenverfassung, der Kommission für Weltmission und Evangelisation, der Kommission der Kirchen für internationale Angelegenheiten und der gesamten Programmarbeit des ÖRK, muss im Mittelpunkt des Pilgerwegs stehen. Einheit, Mission und Dienst der Kirchen und Partner werden durch die Teilnahme an dem Pilgerweg zusammengehalten und in eine dynamische Wechselwirkung gestellt.

Um einen transparenten und partizipatorischen Prozess zu gewährleisten, wird der ÖRK:

- eng mit den Kirchen und ökumenischen Partnern zusammenarbeiten, um im Rahmen des Pilgerwegs Handlungsrichtungen und eine Reflexion zu entwickeln und den Austausch von Beiträgen und Ressourcen zu fördern;
- regelmäßige Reflexionen über den Pilgerweg und die notwendigen Schritte in allen Kommissionen und Beratungsgremien ermöglichen;
- eine Referenzgruppe mit Sachverständigen verschiedener Dimensionen des Pilgerwegs und Vertreterinnen/Vertretern relevanter Leitungs-

und Beratungsgremien und ökumenischer Partner ins Leben rufen. Diese Referenzgruppe wird ein flexibles Instrument sein. Ihre Zusammensetzung wird sich je nach Verlagerung der Schwerpunkte und Prioritäten ändern.

• Während jeder Zentralausschusstagung wird ausreichend Zeit eingeplant, damit der Programmausschuss sich mit der Entwicklung des Pilgerwegs befassen kann und damit dringende Anliegen im Zusammenhang mit dem Pilgerweg diskutiert werden können.

VI. Die Kirchen auf dem Pilgerweg der Gerechtigkeit und des Friedens

Gemeinsam und mit ihren ökumenischen Partnern sind die Kirchen sowohl in ihrem jeweiligen Kontext als auch durch ihre internationale Zusammenarbeit die Hauptakteurinnen des Pilgerwegs. Und dennoch ist dieser Pilgerweg auch ein Aufruf und eine Chance für Einzelpersonen, Ortsgemeinden und Gemeinschaften, sich an der Bewegung der Gerechtigkeit und des Friedens zu beteiligen. Der Prozess der *Verwandlung* wird das Sammeln von Erfahrungen, den gegenseitigen Austausch, gegenseitiges Zuhören, Beten, Buße, Zeugnis, Bewusstseinsbildung, Nachdenken und Handeln umfassen.

Die folgenden Fragen können vielleicht helfen, sich in der eigenen Familie, als Kirchengemeinde oder Gemeinschaft oder gemeinsam in einer ökumenischen Gemeinschaft auf diesen Pilgerweg vorzubereiten:

– Was verspricht ein Pilgerweg im biblischen Sinne?
– Was verstehen Sie in Ihrem eigenen Kontext unter einem Pilgerweg der Gerechtigkeit und des Friedens?
– Was verspricht ein Pilgerweg?
– Wen würden Sie gerne als Wegbegleiterinnen und Wegbegleiter haben?
– Was sind Ihre Erfahrungen mit dem Geschenk des Lebens, dem Geschenk der Schöpfung? Wie feiern Sie dieses?
– Welche Wunden gibt es in Ihrem Kontext?
– Wir wollen Sie mit den Wunden umgehen, die anderen oder der Natur zugefügt wurden?
– Welche Art der Verwandlung erleben Sie?
– Worauf werden Sie einen Schwerpunkt legen?
– Gibt es realistische Möglichkeiten, Ungerechtigkeit und Gewalt umzuwandeln?
– Welche der vorgeschlagenen Maßnahmen sind Sie bereit, in Ihrem Kontext umzusetzen?

Letztendlich lädt Gott uns ein, uns voller Freude, Demut, Mut und Engagement diesem göttlichen Weg anzuschließen und dabei zu beten:

Wir sind eine Gemeinschaft, die unterwegs ist, eine Gemeinschaft von Pilgerinnen und Pilgern. Wir sind gemeinsam unterwegs hin zu einem Leben in Fülle. Wir bitten Gott um Führung und Inspiration, damit unser Pilgerweg uns durch dynamischen und kreativen Austausch für Gerechtigkeit füreinander öffnet. Gott des Lebens, weise uns den Weg, damit wir zu lebendigen Werkzeugen deiner Gerechtigkeit und deines Friedens werden!

Übersetzung aus dem Englischen:
Sprachendienst des Ökumenischen Rates der Kirchen

Ökumenischer Pilgerweg konkret – von Flensburg nach Paris zur UN-Weltklimakonferenz 2015

1. Für ein Klima der Gerechtigkeit

1.1 Die Klage hören – die existentielle Bedrohung durch die Folgen des Klimawandels

Im Herbst 2013 trafen sich über 4.000 Christinnen und Christen aus aller Welt zur 10. Vollversammlung des Ökumenischen Rates der Kirchen in Busan in Südkorea. Zur Eröffnung feierten wir einen Gottesdienst. Vertreterinnen und Vertreter von jedem Kontinent brachten ihre Wehklagen und Worte der Hoffnung ein. Besonders klingt in mir noch das Gebet einer Frau aus dem pazifischen Raum nach:

„Allmächtiger Gott, dein pazifisches Volk ruft dich!
Wir weinen, Herr, weinen Meere von Tränen,
weil unser geliebtes Meer ansteigt und uns erdrückt.
Wir fühlen, Herr, fühlen Ströme von Schmerz,
da unser uraltes Land verschwindet
und uns von deiner Schöpfung entfernt.
Wir stehen, Herr, vor Bergen von Verzweiflung,
da unsere Kulturen weggespült werden
und Habgier und Macht uns verschlingen.
Wir zittern, Herr, zittern unter den Erdbeben
von Veränderungen und unter ihren Auswirkungen
auf unser Leben.
Wir verzweifeln, Herr, verzweifeln vor dem Orkan der Probleme,
denen wir gegenüberstehen und der Angst, die sie hervorrufen. ...
Höre unsere Klage."[1]

Besonders im Südpazifik sind schon jetzt die Menschen, Tiere und Pflanzen durch den Klimawandel existentiell bedroht. „Gott hat doch ver-

---

[1] Aus der Liturgie zum Eröffnungsgottesdienst der 10. Vollversammlung des Ökumenischen Rates des Kirchen in Busan/Südkorea.

sprochen, keine Sintflut mehr zu schicken, und jetzt sitzen die in der Arche, die den Klimawandel verursacht haben", so schildert Pastor Tafue Lusame, Generalsekretär der Christlichen Kirchen von Tuvalu, als Klimazeuge die Situation seiner Heimat in den Workshops in Busan. Die Sturmfluten und Überschwemmungen auf der Insel Tuvalu nehmen zu. Durch den Anstieg des Meeresspiegels versalzen die Böden und das Trinkwasser wird knapp. Die Menschen bereiten sich darauf vor, ihre Insel zu verlassen und umzusiedeln.

1.2 Die Stimme erheben – Anwälte sein für „die Waisen, Witwen und Fremden" Dtn 10,17

Darauf müssen wir als Christinnen und Christen im globalen Norden reagieren und unsere Stimme für die Schwächsten und Verwundbarsten in der Gemeinschaft der Einen Welt erheben, denn „die Opfer des Klimawandels sind die neue Gestalt der Armen, Witwen und Fremden, denen besonders die Liebe und Fürsorge Gottes gilt".[2] Die „Option für die Armen" ist Kern des biblischen Gerechtigkeitsverständnisses.

Der ÖRK hat schon frühzeitig vor den Gefahren des Klimawandels gewarnt und so dazu beigetragen, die ökologische Gerechtigkeit zu einem Thema der internationalen Klimadebatte zu machen. Gleichzeitig wird die Klimadebatte in Deutschland auch regional in den Kirchen geführt. Dabei werden sowohl die Betroffenen als auch die Verursacher des Klimawandels in den Blick genommen. So pflegt die Evangelisch-Lutherische Kirche in Norddeutschland (Nordkirche) – wie alle anderen Kirchen auch – weltweite ökumenische Partnerschaften. „Sie ist mit den von den Klimaveränderungen zuerst und am stärksten betroffenen Menschen anderer Kontinente persönlich im Gespräch und weiß sich ihnen geschwisterlich verbunden."[3]

Auf der Klimasynode der Nordkirche wies mit Horst Gorski ein Propst auf den engen Zusammenhang von Klimakrise und Gerechtigkeit hin:

> „… alleine die Tatsache, dass diejenigen Länder, die in den vergangenen Jahrzehnten am wenigsten zum Klimawandel beigetragen haben, am meisten unter ihm leiden und in Zukunft leiden werden und die geringsten Ressourcen haben, sich gegen die Folgen des Klimawandels zu schützen, während diejenigen Länder, die ihn am meisten mit verursachen, die Folgen auf andere Teile der Welt abzuwälzen in der

---

[2] Aus dem Protokollpunkt zu Klimagerechtigkeit, Busan/Südkorea.
Siehe: www.oikoumene.org/de/resources/documents/assembly/2013-busan/adopted-documents-statements/minute-on-climate-justice?set_language=de (aufgerufen am 01.12.2014).

Lage sind, ist eine – im Wortsinne – zum Himmel schreiende Ungerechtigkeit ... Es wird keine Lösung der Klimakrise geben können, ohne radikal die Fragen nach gerechter Ressourcenverteilung und sozialer Gerechtigkeit zu stellen."[4]

Anwaltschaft bedeutet, die Stimme für andere zu erheben und schließt gleichzeitig die eigene verantwortliche Perspektive mit ein. Anwaltschaft wird als Beziehungsgeschehen verstanden – zu uns selbst und zu den anderen. So spiegeln die globalen Zusammenhänge in Wirtschaft und Handel die eigenen Beziehungen wider und führen zu Lebensstilfragen wie nach einer „Ethik des Genug" und nach Bildern vom „guten Leben".

1.3 In die Hand nehmen – politische Forderungen auf dem Weg zur COP21 in Paris

Die Vertragsstaaten der Klimarahmenkonvention werden sich im Dezember 2015 zur *Conference of the Parties* COP21 in Paris treffen. Der Klimagipfel in Lima/Peru 2014 (COP 20) war die letzte Möglichkeit, im Rahmen der internationalen Vertragsstaatenkonferenz wichtige Vorentscheidungen auf Regierungsebene zu fällen. Dazu gehören neben der Entwicklung der ersten Version für den Pariser Vertragstext Themen wie Klimafinanzierung, Anstrengungen in der Klimaanpassung und der Umgang mit klimabedingten Schäden und Verlusten. Zudem sollen die Vertragsstaaten bis März 2015 ihre Minderungsbeiträge zum globalen Abkommen benennen, das 2020 in Kraft treten wird. Auf dem Weg zur Weltklimakonferenz in Paris werden die im Climate Action Network zusammengeschlossenen NGOs konkrete Forderungen erheben.

2. Pilgern – Fremdsein und Heimat haben in der Einen Welt

2.1 Die Idee geht zu Herzen – Pilgern als eine Antwort auf die Klimakrise

Angeregt durch den Weltkirchenrat lädt ein ökumenisches Bündnis aus entwicklungspolitischer Klimaplattform und weiteren kirchlichen Akteu-

---

[3]   Aus der Stellungnahme der Theologischen Kammer auf der Tagung der Landessynode der Evangelisch-Lutherischen Kirche in Norddeutschland vom 25. bis 27.09.2014 zum Schwerpunktthema „Klimaschutz", S. 4, siehe: www.nordkirche.de/fileadmin/user_upload/nordkirche/Synode/Synode_201409_zu_TOP_1_Beitrag_Theologische_Kammer_zur_Klimasynode.pdf (abgerufen am 01.12.2014).

[4]   Aus der Stellungnahme der Theologischen Kammer, S. 3.

ren aus Deutschland und Frankreich zu einem „Pilgerweg der Gerechtigkeit und des Friedens" ein.[5] Im Mittelpunkt steht die Klimagerechtigkeit.

Die alte Tradition des Pilgerns steht für das Prozesshafte und würdigt darin auch das Fragmentarische der christlichen Existenz: der Mensch bleibt angewiesen auf Gottes Barmherzigkeit. Pilgern stammt vom lateinischen Wort *peregrinus* (oder *peregrinari,* in der Fremde sein) ab, was Fremdling bedeutet. Angewiesen auf Gottes Barmherzigkeit ist der Mensch zugleich fremd und beheimatet in der einen Welt.[6] Die Gemeinschaft der Christinnen und Christen weltweit steht in der Nachfolge Christi, dem Gekreuzigten und Auferstandenen. Sie sind unterwegs als *fellowship of churches* und erfahren Gemeinschaft mit Menschen, die mit ihnen leben, die vor ihnen gelebt haben und mit denen, die nach ihnen kommen. Diese uralte Erfahrung des Pilgerns verbindet sich mit Pilgerrouten wie mit der *Via Jutlandica* und der *Via Baltica.*

Der pazifische Theologe Cliff Bird führte Mitte November 2014 auf einer Tagung in der Missionsakademie Hamburg sein Verständnis der ökumenischen Gemeinschaft aus. In einer Skizze seiner Oikostheologie wies er auf die gemeinsame Wurzel *oikos* in den Begriffen *Ökologie, Ökonomie* und *Ökumenizität* hin.[7] Im Sinne der von Cliff Bird postulierten *Interconnectedness* sind alle Menschen aller Konfessionen und Religionen eingeladen mitzupilgern.

So machen sich generationsübergreifend Pilgerbegeisterte und für Klimagerechtigkeit Engagierte gemeinsam auf den Weg: die Arbeitsgemeinschaft Christlicher Kirchen, Gruppen aus der Umwelt- und Entwicklungszusammenarbeit, „Grüne Moscheen" und Pfadfinder. Zur selben Zeit findet in der Nordkirche eine Partnerkirchenkonsultation statt. Delegierte aus 30 Ländern sind zur Eröffnung des Pilgerweges am 13. September 2015 in Flensburg eingeladen.

---

[5]   Beim Treffen der entwicklungspolitischen Klimaplattform Ende Januar 2014 in Bad Herrenalb wurde der Gedanke, einen Pilgerweg für Klimagerechtigkeit zu entwickeln, mit großer Zustimmung aufgenommen. In Zusammenarbeit mit den Autorinnen dieses Beitrags sowie Ulrike Eder (Infostelle Klimagerechtigkeit) und Jan Christensen (Umweltpastor der Nordkirche) entstand die erste Konzeptidee.

[6]   Aus dem Vortrag von Pfarrer Dirk Vogel (Mühlhausen) im Rahmen der Ökumenischen Konsultation für Gerechtigkeit und Frieden am 28. und 29.11.2014 in Bad Herrenalb.

2.2 Mit allen Sinnen erfahren – Kraftorte, Schmerzpunkte und Orte des Aufbruchs

Entlang von Kraftorten (*via positiva*) und Schmerzpunkten (*via negativa*) führt der Pilgerweg von Flensburg nach Paris zu Orten der Hoffnung und des Aufbruchs (*via transformativa*). Die drei Aspekte dieser Orte stehen dabei miteinander „in einer dynamischen Wechselbeziehung."[8] Das Aufsuchen der Kraftorte und Schmerzpunkte setzt Energien zur Veränderung, zur Verwandlung, zur Transformation frei, die Menschen dazu inspiriert sich neu zu orientieren, Aufbrüche zu wagen und der Hoffnung Orte zu geben.

Exemplarisch in Norddeutschland lassen sich Gottes Gaben an Kraftorten feiern wie Gemeindehäuser mit Solaranlagen, Repair-Cafés in Bremen, eine Windenergieanlage in Timmaspe, eine Pelletsheizung in der Kirchengemeinde Bad Bramstedt, der Tierpark in Warder zur Erhaltung alter Nutztierrassen, das Programm „Kita Öko Plus" im Kirchenkreis Hamburg Ost. „Gemeinsam feiern wir Gottes großartige Gabe des Lebens, die Schönheit der Schöpfung und die Einheit einer versöhnten Vielfalt."[9]

Zugleichen konfrontieren die Schmerzpunkte als Orte der Ungerechtigkeit mit Erfahrungen einer zerbrochenen Schöpfung. Norddeutsche Beispiele sind das Kohlekraftwerk Hamburg/Moorburg, das mit Blindgängern verseuchte Wilde Moor bei Nortorf, Anlagen zur Massentierhaltung oder der Hamburger Hafen mit seiner verschmutzten Luft.

2.3 Sich Leerlaufen und neu Füllen – Kampf und Kontemplation auf dem Pilgerweg
Atmen holen – mit geistlichen Liedern, Gebeten und Texten auf dem Weg

Mit Gott auf dem Weg sein ist Kern der gemeinsamen Pilgerschaft. In Vorbereitung auf diese feiernde Gemeinschaft werden geistliche Texte aus der orthodoxen, der katholischen und der protestantischen Tradition in einem Brevier zusammengestellt. Im Stundengebet, für das das Brevier ursprünglich gedacht war, fügt sich die Gemeinschaft der Glaubenden in den

---

[7] *Cliff Bird*: Hermeneutics of Ecology and its Relationship to the Identity of the Oikos in Oceania, The Pacific Journal Theology, (46) 2011, 19–33.

[8] Vgl. *ÖRK-Zentralausschuss:* Eine Einladung zum Pilgerweg, Dokument Nr. GEN 05 rev., 2. bis 8. Juli 2014 in Genf, Schweiz, S. 4.

[9] Ebd.

Rhythmus der Gemeinschaft mit Gott ein. Die Liturgien, Lieder und Ge-
bete bringen die Klage über die Zerstörung und den Dank für die gute
Schöpfung vor Gott und laden zur Umkehr ein. So besingt das Lied die
christliche Hoffnung auf Gedeihen und Bewahrung: „Eines Tages wird die
Erde allen Menschen gehören und die Menschen werden eins sein mit der
Erde, so wie du Gott es gewollt hast".

*Mit neuer Kraft politisch Handeln – Aktionen und Veranstaltungen
auf dem Weg*
Zwischen den einzelnen Etappen wird es Tage mit Diskussionsveran-
staltungen, Praxisworkshops aber auch mit politischen und kreativen Aktionen zum Thema Klimagerechtigkeit geben. Der Pilgerweg und die Aktionen werden klimafreundlich umgesetzt. Konkret heißt das:

- Die Ankündigung der Veranstaltungen erfolgt papierarm oder auf zertifiziertem
  Recyclingpapier.
- Für An- und Abreise werden Bus und Bahn oder Mitfahrgelegenheiten genutzt.
- Ein Elektroauto dient als Begleitfahrzeug zum Transport von schwerem Gepäck
  und Aktionsmaterialien.
- Veranstaltungen finden an gut erreichbaren Orten statt.
- Flugemissionen werden über die Klimakollekte ausgeglichen.[10]
- Die Verpflegung auf dem Pilgerweg und während der Veranstaltungen ist fleisch-
  los, regional, saisonal, bio und fair.

3. *„Wir schließen uns der Pilgerreise an"*[11] *– konkrete Umsetzung
    des Pilgerweges*

3.1 Mit den Füßen beten – ein Pilgerweg in zwölf Etappen

Der Pilgerweg beginnt mit einem Ökumenischen Gottesdienst am
Sonntag, den 13. September 2015, in Flensburg. Ende Oktober 2015 findet dann in Wuppertal das Bergfest statt. Ziel ist es, am 6. Dezember in Paris anzukommen. Dort sind neben einem Ökumenischen Abschlussgottes-
dienst Aktionen mit anderen NGOs und Klimanetzwerken geplant.

---

[10] Die Klima-Kollekte ist ein CO_2-Kompensationsfonds christlicher Kirchen in Deutschland
      für den Ausgleich unvermeidbarer Treibhausgasemissionen. Siehe: www.klima-kol-
      lekte.de (aufgerufen am 01.12.2014)
[11] *ÖRK:* Botschaft der 10. Vollversammlung des Ökumenischen Rates der Kirchen. Siehe:
      www.oikoumene.org/de/resources/documents/assembly/2013-busan/adopted-docu-
      ments-statements/message-of-the-wcc-10th-assembly (aufgerufen am 01.12.2014).

Die Strecke von Flensburg nach Paris umfasst ca. 1.470 km und wird in 12 Wochen-Etappen aufgeteilt.[12] Die Tageswege sollen nicht länger als 25 km sein. Die Etappen unterteilen sich in vier bis sechs Tage reine Pilgerzeit mit einem anschließendem Ruhetag bzw. Zeit für Aktionen und Workshops. Während der Wochenenden rechnen wir mit 200 bis 300 Teilnehmenden, in der Woche mit 10 bis 30. Die inhaltliche und organisatorische Koordination einer Etappe teilen sich ortskundige Pilgerbeauftragte, gastgebende Kirchengemeinden für Übernachtung und Verpflegung sowie Verantwortliche für Logistik und Öffentlichkeitsarbeit. Der „Staffelstab", versehen mit einer Botschaft, die von Etappe zu Etappe wächst, wird an die Weltklimakonferenz in Paris übergeben.

Sternwanderungen, die auf den Pilgerweg zulaufen, werden bereits geplant: aus der Evangelischen Kirche in Hessen und Nassau; aus Belgien, den Niederlanden, Österreich, der Schweiz und aus Süddeutschland; Skandinavier, die im Juni am Nordkap aufbrechen und zur Eröffnung in Flensburg ankommen werden.

3.2 Glieder sind es viele, doch nur ein Leib – Trägerstrukturen und Koordination

Um die Idee des Pilgerweges der Klimagerechtigkeit praktisch umsetzen zu können, hat sich im November 2014 ein ökumenischer Trägerkreis gegründet.[13] Durch die Unterstützung von Misereor und Brot für die Welt ist eine Geschäftsstelle eingerichtet worden, mit einem Umfang von 75% Stellenanteilen in Aachen und 150 % in Hamburg.

---

[12] 1. Etappe Flensburg – Rendsburg (87,5 km); 2. Etappe Rendsburg – Hamburg Blankenese (120 km); 3. Etappe Hamburg – Bremen (145 km); 4. Etappe Bremen – Osnabrück (150 km); 5. Etappe Osnabrück – Dortmund (145 km); 6. Etappe Dortmund – Köln (121 km); 7. Etappe Köln – Prüm (128 km); 8. Etappe Prüm- Trier (100 km); 9. Etappe Trier – Metz (104 km); 10. Etappe Metz – Sainte Menhould (105 km); 11. Etappe Sainte Menhould – Montmirail (105 km); 12. Etappe Montmirail – Paris (95 km).

[13] Bisher sind im Trägerkreis vertreten: Entwicklungspolitische Klimaplattform (Eva-Maria Reinwald); Brot für die Welt (Heinz Fuchs); Misereor (Kathrin Schroeder); Adveniat (Stefanie Hoppe); Vereinte Evangelische Mission (Christoph Wand); Arbeitsgemeinschaft der evangelischen Jugend (Dr. Veit Laser); Bund der katholischen Jugend (Stephan Berthelme); Bistum Speyer (Christoph Fuhrbach); Evangelisch-Lutherische Kirche in Norddeutschland (Jan Christensen); Evangelische Kirche von Westfalen (Dr. Ulrich Möller); Evangelische Kirche im Rheinland (Richard Brand); Zentrum für Mission und Ökumene – Nordkirche weltweit (Judith Meyer-Kahrs); Arbeitsgemeinschaft der Umweltbeauftragten der evangelischen Landeskirchen (Richard Brand); Zentralkomitee der deutschen Katholiken (Martina Köß); Deutsche Ordensoberenkonferenz (Pater Claudius Groß); Bistum

Ansprechpartnerin in Hamburg ist Stefanie Maur-Weiss (Gesamtkoordination), Stresemannstr. 374 A, 22761 Hamburg, Tel.: 040 – 81901686, E-Mail: stefanie.maur-weiss@pilgerweg.nordkirche.de und Oliver Langner (Internet, neue Medien und Öffentlichkeitsarbeit), ab 1. Januar 2015 E-mail: oliver.langner@pilgerweg.nordkirche.de Die Stelle in Aachen wird ab Dezember 2015 über Misereor besetzt.

Herzliche Einladung zur Mitwirkung am Pilgerweg der Klimagerechtigkeit!

Anne Freudenberg, Judith Meyer-Kahrs,
Martin Haasler, Uta Andrée

(Pastorin Anne Freudenberg, Referat Theologie und Nachhaltigkeit
in Zusammenarbeit mit Ingenieurin Judith Meyer-Kahrs,
Infostelle Klimagerechtigkeit,
Pastor Martin Haasler, Referat für
Ökumenische Partnerschaften, alle drei sind im Zentrum
für Mission und Ökumene – Nordkirche weltweit tätig;
Pastorin Dr. Uta Andrée, geschäftsführende Studienleiterin,
Missionsakademie Hamburg.)

Münster (Thomas Kamp-Deister); Arbeitsgemeinschaft der Umweltbeauftragten der katholischen Bistümer (Dr. Martina Skatulla). Davon sind fünf Personen in der Lenkungsgruppe vertreten, die die Geschäftsstelle in wichtigen Fragestellungen unterstützen soll: Eva-Maria Reinwald, Kathrin Schroeder, Christoph Fuhrbach, Heinz Fuchs und Jan Christensen.

Gemeinsam auf dem Pilgerweg *der* Gerechtigkeit und *des* Friedens

Brief an unsere Geschwister in Südkorea und Japan

Der Segen Gottes sei mit Euch,
der Segen des Schöpfers der Vielfalt und der Einheit,
der Segen des Versöhners und Erlösers,
der Segen des Trösters.

Wir, Mitglieder der Deutschen Ostasienmission (DOAM, Gründungs-
mitglied der EMS-Evangelische Mission in Solidarität und des BMW-Berli-
ner Missionswerk) sowie Gäste aus Korea und Japan und Teilnehmende an
der Konferenz „Gerechter Friede in Ostasien" haben uns in Wittenberg,
Deutschland (29. September – 1. Oktober 2014) versammelt.

Im Rahmen dieser Tagung feiern wir das 130-jährige Jubiläum der Ostasienmission und erinnern uns an eine reiche Geschichte voller Begegnungen mit euch, unseren Geschwistern in Südkorea und Japan. Wir erinnern
uns an das gemeinsame Vertrauen, das über Jahrzehnte durch unsere gemeinsamen Anstrengungen für Demokratie, Menschenrechte, Gerechtigkeit und Frieden zwischen uns gewachsen ist und möchten unseren Dank
ausdrücken für die vielen Gaben, die wir von euch empfangen haben.

Gemeinsam blicken wir nun auch in die Zukunft und fragen, wozu wir
heute berufen sind, und auf welche Art und Weise wir der Verantwortung
Ausdruck verleihen können, die wir auf unserem ökumenischen und mis-
sionarischen Weg übernommen haben.

Inspiriert von der 10. Vollversammlung des Ökumenischen Rates der
Kirchen in Busan, Südkorea, vor einem Jahr begrüßen wir die Einladung
zum Ökumenischen Pilgerweg der Gerechtigkeit und des Friedens. Kirchen aus aller Welt, einschließlich eurer und unserer Gemeinden, haben
versprochen, sich gemeinsam auf den Weg der geistlichen Erneuerung und
der prophetischen Berufung zu begeben. Wir wissen, dass wir dabei aufeinander angewiesen sind und auf die gewachsenen Beziehungen unter uns
bauen können.

Heute in Wittenberg fragen wir: Welches sind angemessene Schritte
auf dem Pilgerweg der Gerechtigkeit und des Friedens – für uns in
Deutschland, für euch in Korea und Japan und für uns gemeinsam?

Wir beginnen, indem wir auf Gottes Wort hören:

„Könnte ich doch hören, was Gott der HERR redet,
dass er Frieden zusagte seinem Volk und seinen Heiligen,
damit sie nicht in Torheit geraten.
Doch ist ja seine Hilfe nahe denen, die ihn fürchten,
dass in unserm Lande Ehre wohne;
dass Güte und Treue einander begegnen,
Gerechtigkeit und Friede sich küssen;
dass Treue auf der Erde wachse
und Gerechtigkeit vom Himmel schaue;
dass uns auch der HERR Gutes tue
und unser Land seine Frucht gebe;
dass Gerechtigkeit vor ihm her gehe
und seinen Schritten folge. (Ps 85)

Mit diesem Brief möchten wir euch über unsere Beratungen informieren und euch einladen, eure Ideen, Bedenken und eure Gebete mit uns zu teilen auf diesem neuen gemeinsamen Pilgerweg, denn wir wollen gemeinsam mit euch gehen.

Während unserer Tagung zum Thema „Gerechter Friede in Ostasien" reflektierten wir unsere eigenen Erfahrungen und Schwächen bezüglich der Friedensbildung und unserem Einsatz für Gerechtigkeit. Wir erfuhren auch von den Herausforderungen, mit denen ihr zurzeit konfrontiert seid. Im Besonderen hörten wir

- von der anhaltenden Angst und dem Leid, das aus der Nuklearkatastrophe in Fukushima erwachsen ist – aber auch von den wunderbaren Beispielen der Zusammenarbeit von Gläubigen verschiedener religiöser Traditionen bei der Unterstützung und seelsorgerischen Betreuung der Opfer.
- von der wachsenden Militarisierung in der gesamten ostasiatischen Region – aber auch von dem herausragenden Mut einzelner Menschen und Gruppen, die das Risiko auf sich nehmen und sich gegen die Errichtung neuer Militärbasen in der Region einsetzen, wie in Gangjeong auf Jeju-Island/Südkorea und in Henoko auf Okinawa/Japan.
- von der Kriminalisierung und der Bedrängnis der Kriegsdienstverweigerer in Südkorea, der Missachtung dieses grundlegenden Menschenrechtes und der Ungerechtigkeit der Freiheitsstrafe für Kriegsdienstverweigerer – aber auch dem herausragenden Zeugnis junger Männer, die trotz aller Diskriminierung und Ausgrenzungserfahrun-

gen ihrer Überzeugung einer gewaltfreien Nachfolge Christi treu bleiben.

- von den Verstößen gegen Artikel 9 der japanischen Friedensverfassung und den aktuellen Trends hin zu einer Remilitarisierung der japanischen Gesellschaft – aber auch der Energie und dem Mut, den es braucht, um gegen diese politischen Mächte aufzustehen.

Wir beginnen zu begreifen, wie auf diesem Pilgerweg der Gerechtigkeit und des Friedens das Bedürfnis nach eurem, wie auch unserem Einsatz als „com-pan-ions" – denjenigen, die das Brot miteinander teilen – wächst. Manchmal mag dieser Weg unangenehme Entscheidungen mit sich bringen oder uns in die Position einer Minderheit oder sogar in Opposition zu den „Mächten und Gewalten " bringen. Wir brauchen einander. Wir senden euch unsere Gebete, unsere fortwährende Unterstützung, unsere Besuche und Einladungen, unsere Bereitschaft, euch auf euren Wegen zu begleiten, so wie auch wir euch bitten, uns zu begleiten.

Wir beten für euch um Weisheit, dass ihr diese gesellschaftlichen und politischen Bedrohungen im Licht des Wortes Gottes erkennen möget, und um Stärke und Mut, dass ihr dem Ruf auf Gottes Weg der Gerechtigkeit und Christi Weg des Friedens folgen möget.

Im Besonderen bitten wir euch, diejenigen zu unterstützen, die

- sich für die Rechte und die Unterstützung durch die Regierung für diejenigen Menschen einsetzen, die unter den Folgen der Nuklearkatastrophe in Fukushima leiden; und jene, die sich gegen die Nutzung der Kernenergie und für ein Verbot von Nuklearwaffen einsetzen.

- gegen die Errichtung eines Militärhafens auf Jeju-Island und Okinawa protestieren.

- das Menschenrecht auf Kriegsdienstverweigerung verteidigen, die Rechenschaft von der Regierung Südkoreas einfordern im Sinne des Internationalen Rechts (Gewissensfreiheit und Religionsfreiheit) und diejenigen, die seelsorgerliche Begleitung für alle leisten, die unter Ausschluss, Diskriminierung und Freiheitsstrafen leiden.

- sich für Heilung, Versöhnung, Zusammenarbeit sowie einen Friedensvertrag auf der koreanischen Halbinsel einsetzen.

- für eine Auslegung des Artikels 9 der japanischen Friedensverfassung eintreten, die der ursprünglichen Intention eines Verzichts auf militärische Einsätze entspricht.

In unserer vertrauensvollen Partnerschaft, bitten wir euch – im Gegenzug – von uns ebenso Rechenschaft zu fordern und uns ins Bewusstsein zu rufen, welche Art von Unterstützung ihr von uns, unseren Kirchen und Regierungen, benötigt und welche Erwartungen ihr an uns habt. Manchmal mögen wir gefangen sein in unseren eigenen begrenzten kontextuellen, kulturellen oder sogar konfessionellen und institutionellen Wahrnehmungen; manchmal mögen wir blind oder einseitig in unserem Denken, Urteilen und Handeln sein. Wir vertrauen darauf, dass ihr uns helfen werdet, all das zu erkennen, was notwendig ist, um mit euch als treue Weggefährten auf dem Pilgerweg der Gerechtigkeit und des Friedens zu gehen.

Gemeinsam beten wir: Gott des Lebens, führe uns zu Gerechtigkeit und Frieden!

Deutsche Ostasien Mission (DOAM)

(Die Teilnehmenden an der Konferenz „Gerechter Friede in Ostasien" [29. September bis 1. Oktober 2014 in Wittenberg, Deutschland] kamen aus Deutschland, Südkorea und Japan.
Sie veröffentlichten gemeinsam diesen Brief, in dem sie bekräftigen, auf einem „gemeinsamen Weg der geistigen Erneuerung und des prophetischen Aufrufs" für einen „gerechten Frieden" in der Region zusammenarbeiten zu wollen.)

Die Rolle der Kirchen seit der sozio-politischen Wende vor 25 Jahren in Europa und ökumenisch-theologische Überlegungen zum Gerechten Frieden

Tagungsbericht der Arbeitsgemeinschaft Ökumenische Forschung (14.–16. November 2014)

Die 26. Jahrestagung von AÖF/ERF (Ecumenical Research Forum) fand wieder in der Missionsakademie in Hamburg statt und erfreute sich auch in diesem Jahr reger internationaler und gemischt-konfessioneller Beteiligung. Die geladenen Referenten setzten sich insbesondere mit den Herausforderungen von Ökumene im Spannungsfeld unserer Zeit auseinander, während die Teilnehmenden ihre je eigenen Forschungsprojekte zur Diskussion stellten.

Die Möglichkeiten und Aufgaben von Ökumene in der Welt von heute wurden von sehr unterschiedlichen Perspektiven beleuchtet: Das erste Impulsreferat hielt Prof. Turij, Kirchenhistoriker an der Ukrainisch-Katholischen Universität in Lemberg. Er behandelte das Thema „Die Rolle der Kirchen seit der sozio-politischen Wende vor 25 Jahren in Europa und ihre aktuellen Herausforderungen" und wies auf die wichtige Rolle der christlichen Traditionen für die Kultur der Ukraine hin. Dabei ging er auf die Religionspolitik Stalins und die historischen Entwicklungen seit 1989 innerhalb der Ukraine ein. Er zeigte anschaulich, wie eng politische, gesellschaftliche und religiöse Herausforderungen und Konflikte beieinander liegen. Die religiöse Vielfalt innerhalb der Ukraine seit den 1980er Jahren und das Phänomen der heutigen bunten Religiosität in der Ukraine stellte er in einen Gegensatz zu den staatsrechtlichen Regelungen, die seit der Sowjetzeit gegenüber den Kirchen ausstehen. Die politischen und kulturellen Verläufe der letzten Jahre, die großen Einfluss auf die Kirchen in der Ukraine ausübten, wurden von Turij ausführlich behandelt. Die Zusammenhänge waren für die Teilnehmer, die sich für die aktuellen Konflikte in der Ukraine interessieren, von großer Relevanz. Prof. Turij schaffte es, den Bogen zwischen historisch-politischen Spannungen und aktuellen Problemen aufzuzeigen und damit eine große Diskussionsbereitschaft zu wecken.

Das zweite Impulsreferat wurde am Samstagvormittag von Dr. Uta Andrée gehalten, die seit 2012 geschäftsführende Studienleiterin an der Missionsakademie in Hamburg ist. Sie befasste sich mit dem Thema „Ökumenisch-theologische und ethische Überlegungen zum Gerechten Frieden", und gab zu bedenken, dass sie sich bei diesem Thema selbst „auf einer Reise befände, die noch lange nicht zu Ende sei". Die Frage, die sie auch an die Zuhörer richtete, lautete: „Inwieweit muss Kirche sich mit den realen Gegebenheiten einer Welt, in der Krieg, Hunger und Ungerechtigkeiten an der Tagesordnung sind, auseinandersetzen?" Bei ihrem Vortrag verwies Andrée auf das Konzept des „gerechten Krieges", wie es in der Confessio Augustana vorkommt. Das Engagement für Frieden, Umweltschutz und die Frage nach dem Schutz von Minderheiten und gerechtfertigten Gründen für eine andere Weltordnung steht nach Auffassung Andrées nicht im Gegensatz zu einer Überlegung, was ein gerechter Krieg ist oder sein könnte. Im zweiten Teil ihrer Präsentation legte die Referentin den Schwerpunkt auf die konstruktive Erhaltung des Friedens, zu dem auch Dorothee Sölle mahnt: Die Lebensgrundlagen aller Menschen sind von Interesse, nicht die Kategorien von Angriff und Verteidigung, wie sie nach dem 11. September 2001 verwendet wurden. Zuletzt wurde der Aufruf des Weltkirchenrats aus dem Jahr 2011 zitiert, Frieden innerhalb der Gemeinschaft, mit der Erde, in der Wirtschaft und zwischen den Völkern als Ziele der gesamten Christenheit anzusehen.

In der anschließenden Diskussionsrunde sprachen sich zahlreiche Teilnehmer gegen ein Konzept des „gerechten Krieges" und für ein Wirken zur Erhaltung des Friedens aus. Jede kriegerische Parteinahme müsse vermieden werden, da sie der Grundbotschaft des Christentums „Liebe deinen Nächsten" und deren Steigerung „Liebet Eure Feinde" diametral entgegengesetzt sei. Dennoch müsse der christliche Glaube sich mit den Realitäten der Welt auseinandersetzen, gaben andere Teilnehmer zu bedenken.

Neben den Impulsreferaten standen die Präsentationen von ökumenisch orientierten Nachwuchswissenschaftlern im Fokus der Jahrestagung der AÖF. In diesem Jahr gab es besonders zahlreiche Themen, die in Deutsch und Englisch vorgetragen wurden.

Insgesamt neun Projektvorstellungen wurden parallel in vier Blöcke aufgeteilt, einmal wurden sogar drei Beiträge zeitgleich vorgestellt. Während einer Stunde wurden die Themen nach einer kurzen Einführung diskutiert und vertieft.

Die Vielfalt der Beiträge in den Präsentationen der Nachwuchswissenschaftler unterschiedlichster Konfessionen zeigte die große Spannbreite der Traditionen und Perspektiven der Tagungsteilnehmer auf. Diese setzten sich unter anderem mit theologischen, politischen, philosophischen, historischen, soziologischen und missionswissenschaftlichen Fragestellungen in ihren Projektvorstellungen auseinandersetzten.

Maria Augustdottir aus Island sprach über „Ecumenical Theology and Sociology of Ecumenism", während Claudia Hoffmann sich dem Thema „Das Totenfest Tikwah in Mittelkalimantan, Indonesien", zuwandte. Sowohl die Zweisprachigkeit als auch die sehr unterschiedliche Ausrichtung der jeweiligen Vorträge wurden von den Tagungsteilnehmern geschätzt. Im Anschluss an die Vorträge kam es zu konstruktiven Diskussionen. In der zweiten Runde der Präsentationen am Samstagvormittag setzte sich Stefanita Barbu mit dem Thema „The Orthodox–Roman Catholic Relations before and during the Second Vatican Council and the Question of Papal Primacy" auseinander. Dabei hatte er als orthodoxer Theologe einen ganz eigenen Blick auf die historischen und theologischen Zusammenhänge. Kristýna Pilecká widmete sich dem Thema: „Die friedliche Weltordnung aus der Perspektive des Bahá'í Glaubens und des Projektes Weltethos", zudem befasste sich John Berry mit der Thematik „Ecumenism and Mysticism: Insights from Augustine and Jaques Derrida". Die sehr unterschiedlichen Themen forderten die Teilnehmer heraus, die Perspektive zu wechseln und kontrovers über die Fragestellungen, Methoden und Ansätze der Forschungsprojekte zu diskutieren.

Im Anschluss sprach Michaela Kušnieriková über „Christian Politics in the Discourse on Homosexuality in Slovakia". Sie untersucht die offiziellen christlichen Erklärungen zum Thema Homosexualität und hinterfragt die christlichen Identitäten, die diese Dokumente befördern. Hanne Lamparter bot eine Einführung in die Entwicklungen der Ökumene der letzten Jahrzehnte: „Die Rolle des Gebetes/Gottesdienstes in der Ökumenischen Bewegung." Die anschließende Diskussion mündete in der Reflexion, wie das gemeinsame Gebet innerhalb ökumenischer Begegnungen gestaltet werden könne. Die abschließenden Projektvorstellungen am späten Nachmittag weiteten noch einmal den Horizont für die Teilnehmer. Joshua Searle stellte sein Thema „The Doctrine of the Resurrection and the Mission of the Church" vor. Zur selben Zeit sprach Rebecca Wellmann über „Doing Ecumenism in a Multicultural Way" und ging insbesondere auf die Situation der Ökumene in Malta ein.

Ziel der Tagung ist es, junge Nachwuchsforscher einerseits für ökumenische Themen zu sensibilisieren und den Blick zu weiten und andererseits eine Möglichkeit zu bieten, eigene Forschungsschwerpunkte vorzustellen, die oft jenseits des *mainstreams* angesiedelt sind. Die unvoreingenommenen Reaktionen sowie die unterschiedlichen Methoden und Traditionen können sehr fruchtbar für die eigene akademische Arbeit sein. Dadurch unterscheidet sich diese Tagung von anderen Fachtagungen, die eher themenspezifisch arbeiten.

Neben dem wissenschaftlichen Austausch gab es auch die Möglichkeit, während der gemeinsamen Mahlzeiten in der Missionsakademie oder bei einem Spaziergang an der Elbe über die Herausforderungen von Christen in der Gegenwart zu sprechen. Oft stellten die Teilnehmer fest, dass trotz ihrer unterschiedlichen Traditionen und Auffassungen doch das Verbindende in der christlichen Identität überwiegt.

Die Abende wurden ausgiebig genutzt, die diskutierten Themen zu vertiefen, persönliche Gespräche zu führen und durchaus kontrovers und lebhaft über strittige Fragen wie das Menschenbild in den verschiedenen theologischen Traditionen zu reden. Dabei gab es weder Denkverbote noch Feindseligkeiten. Die Gespräche waren von einem besonderen Geist der Ökumene geprägt, da alle Teilnehmer an einem Miteinander des Austausches und der Versöhnung interessiert waren.

Der Abschluss der Tagung fand in der Hamburger Hafencity statt, wo alle Teilnehmer zu einem ökumenischen Gottesdienst in der Kapelle des Ökumenischen Forums eingeladen wurden. Die Gestaltung der Kapelle verbindet verschiedene Elemente christlicher Traditionen wie eine Reliquie, eine Ikone, eingravierte Bibelverse und ein schlichtes Holzkreuz, die nach der gemeinsamen Feier von der reformierten Pfarrerin Antje Heider-Rottwilm erklärt wurden. Bei einer Führung durch das Haus wurde den Tagungsteilnehmern das Wohnkonzept des Gebäudes erklärt: In einer offenen Wohngemeinschaft leben Menschen miteinander, die auf der Suche nach neuen Lebenskonzepten sind. 19 christliche Kirchen aus der Arbeitsgemeinschaft christlicher Kirchen in Hamburg haben einen Raum der Begegnung geschaffen, der auch die Möglichkeit des Austausches, ein Café mit integriertem Verkauf von Fairtradeprodukten und zahlreiche Informationen miteinander verbindet.

Gemeinsam wurde über mögliche Themen für die kommende Sitzung diskutiert und zwei neue Mitglieder für das Fortsetzungskomitee wurden gewählt. Stanislau Paulau aus Weißrussland, derzeit in Göttingen, und Claudia Rimestad aus Erfurt werden gemeinsam mit Michaela Kušnieriková und Joel Driedger die 27. Jahrestagung der AÖF/ERF im kommenden Jahr vorbereiten. Claudia Hoffmann und Florian Tuder wurden aus dem Fortsetzungsausschuss verabschiedet, in dem sie mit viel Engagement zwei Jahre wirkten.

Die 27. Jahrestagung der AÖF/ERF wird vom 20. bis 22. November 2015 in der Missionsakademie in Hamburg stattfinden. Thema und Referenten werden vom Fortsetzungsausschuss festgelegt bzw. eingeladen. In jedem Fall soll es wieder einen bunten Austausch unterschiedlicher Themen und Sichtweisen geben, die durch verschiedene akademische und kulturelle Traditionen gegeben und für diese besonderen Tagungen von großem Wert sind.

Claudia Rimestad

(Claudia Rimestad studierte katholische Theologie in Erfurt und Lille. Sie schließt derzeit ihr Studium der Religionswissenschaft an der Universität Erfurt ab und ist Mitglied des Fortsetzungskomitees der Arbeitsgemeinschaft Ökumenische Forschung [AÖF]).

In Memoriam Altbischof
Prof. Dr. Friedrich Weber (1949–2015)

Der Herausgeberkreis der Ökumenischen Rundschau trauert um seinen Moderator. Am 19. Januar 2015 verstarb Altbischof Prof. Dr. Friedrich Weber völlig unerwartet an einem Krebsleiden. Er war im Februar 2010 in den Herausgeberkreis der ÖR berufen worden; zwei Jahre später, am 24. Februar 2012, wurde er zum Moderator des Gremiums gewählt. Mit dem Tod von Friedrich Weber verliert die ÖR einen wichtigen Ratgeber und Förderer.

Während seiner Amtszeit als Landesbischof der Evangelisch-lutherischen Landeskirche in Braunschweig (2002–2014) wurde Friedrich Weber zu dem Ökumeneexperten der evangelischen Kirchen Deutschlands. Wie kein anderer Leitender Geistlicher der EKD pflegte er die ökumenischen Beziehungen innerhalb Deutschlands und darüber hinaus: Von 2005 bis 2014 war Weber Catholica-Beauftragter der Vereinigten Evangelisch-Lutherischen Kirche Deutschlands (VELKD). Darüber hinaus stand er von 2007 bis 2013 an der Spitze der Arbeitsgemeinschaft Christlicher Kirchen auf Bundesebene. Im Jahre 2009 wurde er zum Co-Vorsitzenden der Meißen-Kommission berufen, die die Beziehungen zwischen den deutschen Landeskirchen und der Kirche von England pflegt und begleitet. Bis zu seinem Ruhestand war er Mitglied im Kontaktgesprächskreis von EKD und Deutscher Bischofskonferenz. 2012 wurde er in Florenz auf der Vollversammlung der Gemeinschaft Evangelischer Kirchen in Europa (GEKE) zu ihrem geschäftsführenden Präsidenten gewählt – ein Amt, das er nach seinem Ruhestand weiter ausübte, ebenso wie den Kuratoriumsvorsitz des Konfessions-kundlichen Instituts des Evangelischen Bundes in Bensheim. Bereits diese stichwortartige Aufzählung macht eindrücklich deutlich, welch leidenschaftlichen Brückenbauer zwischen den Konfessionen, vielseitigen Vordenker und durchsetzungskräftigen Ökumenediplomaten die deutsche Ökumene mit dem Tod von Friedrich Weber verloren hat.

Zwei Arbeitsfelder des Verstorbenen seien exemplarisch genauer gewürdigt: Als Catholica-Beauftragter der VELKD verstand Friedrich Weber es qualitätsvoll und empathisch über Entwicklungen in der römisch-katholischen Kirche zu informieren, das Gemeinsame zwischen Lutheranern und Katholiken auszuloten und weiterzuentwickeln, aber auch Beschwernisse deutlich beim Namen zu nennen. Entsprechend fanden seine Berichte vor der Generalsynode der VELKD auf evangelischer als auch römisch-katholischer Seite jährlich aufs Neue große Beachtung. Über seine zahlreichen Predigten und Veröffentlichungen zur ökumenischen Situation urteilte Walter Kardinal Kasper: „Sie sind – wie man sich dies bei ökumenischen Gesprächspartnern wünscht – immer instruktiv, und auch wenn sie kritisch Stellung beziehen, konstruktiv weiterführend." Mit dem Amt des Catholica-Beauftragten fiel Friedrich Weber auch der Co-Vorsitz in der dritten Runde der Bilateralen Arbeitsgruppe zwischen VELKD und Deutscher Bischofskonferenz zu – eine Aufgabe, der er sich mit großem Engagement sowie theologischer und struktureller Klarheit verschrieb. Neben der Catholica-Arbeit lag dem Honorarprofessor für Kirchengeschichte an der Technischen Universität Braunschweig besonders die Gemeinschaft Evangelischer Kirchen in Europa am Herzen. Dies lässt sich sicherlich auch durch seinen beruflichen Werdegang erklären: In Greetsiel wurde er 1975 auf das reformierte Bekenntnis ordiniert. Später gehörte er als Propst von Süd-Nassau zur Kirchenleitung einer unierten Landeskirche. 2002 wurde er schließlich Landesbischof einer lutherischen Kirche und mit dem Amt des Catholica-Beauftragten der VELKD eine profilierte Stimme für lutherische Theologie und Ekklesiologie im ökumenischen Gespräch. Möglich wurde diese Biographie durch die Leuenberger Konkordie, die 1973 Kirchengemeinschaft zwischen lutherischen, reformierten und unierten Kirchen herstellte und von der er in einem Vortrag 2008 sagte: „Ich bin ein großer Freund dieses ökumenischen Ansatzes ... und ich sehe hierin ein Ökumene-Modell mit Zukunft, weil es die Kirchen bei ihrem eigenen Bekenntnis lässt." Das Amt des geschäftsführenden Präsidenten der GEKE gab ihm auch über die Zeit seines aktiven Dienstes hinaus die Möglichkeit, für dieses Modell – auch in einer Konsultationsreihe mit dem päpstlichen Einheitsrat – zu werben sowie die theologische Arbeit und das praktische Miteinander innerhalb der evangelischen Konfessionsfamilie weiterzuentwickeln. Leider blieb ihm dazu bis zu seinem Tod viel zu wenig Zeit.

Am 13./14. Februar hätte Altbischof Weber an einem Symposium der Ökumenischen Rundschau teilnehmen und die anschließende Herausgebersitzung leiten sollen. Wir werden ihn und seine Beiträge schmerzlich vermissen und uns dankbar an seine zugewandte Persönlichkeit, seinen ökumenischen Sachverstand und seinen unermüdlichen Einsatz für das Miteinander der Kirchen erinnern.

Oliver Schuegraf
(Oberkirchenrat Dr. Oliver Schuegraf ist im Amt der VELKD für
Ökumenische Grundsatzfragen und Catholica zuständig. Er ist
Mitglied des Herausgeberkreises der Ökumenischen Rundschau.)

Gestern – heute – morgen

Mit einem Festakt wurde in Hamburg am 31. Oktober das achte Themenjahr der *Lutherdekade „Reformation – Bild und Bibel"* eröffnet. Die Lutherdekade wurde 2008 gestartet und wird 2017 mit den bundesweiten Feierlichkeiten ihren Gipfel finden. Mit ihr bereiten die evangelischen Kirchen sowie Bund, Länder und Gemeinden gemeinsam das Reformationsjubiläum 2017 vor. Die Themenjahre formulieren in jedem Jahr inhaltliche Schwerpunkte, die in Veranstaltungen, Landesausstellungen, Kongressen, Tagungen und Kulturveranstaltungen mit Leben gefüllt werden.

Eine *Bischofssynode der armenisch-apostolischen Kirche* in Etschmiadzin hat vom 11. bis 13. November über das für April 2015 anstehende Gedenken zum *100. Jahrestag des Beginns des Armenier-Genozids* im Osmanischen Reich beraten. Die Synode wurde vom obersten Patriarchen und Katholikos aller Armenier, Karekin II., und dem Katholikos von Kilikien, Aram I., gemeinsam eröffnet. Armenische Bischöfe aus aller Welt besuchten die Gedenkstätte („Tsitsernakaberd") für die Opfer des Völkermords der Jahre 1915 bis 1923 in der Hauptstadt Eriwan. Vor der ewigen Flamme fand ein Gedenkgottesdienst für die Opfer statt; die beiden Katholikoi legten Kränze nieder. Der Genozid hatte auf Veranlassung der vom jungtürkischen „Komitee für Einheit und Fortschritt" gestellten osmanischen Regierung am 24. April 1915 mit der Verhaftung führender armenischer Politiker, Wissenschaftler, Künstler, Industrieller und Journalisten in Konstantinopel begonnen. Nach Überzeugung der Armenier und eines Großteils der internationalen Forschung handelte es sich bei den Massakern und Todesmärschen bis 1917 um einen Genozid mit dem Ziel, die Armenier als Volk auszulöschen. Bis zu 1,5 Millionen Menschen sollen damals umgekommen sein. Die Türkei weist den Genozid-Vorwurf bis heute zurück, spricht von einer kriegsbedingten Tragödie und setzt die Zahl der Opfer wesentlich niedriger an.

Um zusammen mit Kirchen, ökumenischen und zivilgesellschaftlichen Organisationen einen nachhaltigen und gerechten Frieden zu schaffen, hat der ÖRK während einer Konferenz vom 1. bis 5. Dezember in Sigtuna, Schweden, ein *ökumenisches Netzwerk für die Advocacy-Arbeit für Frieden (Ecumenical Peace Advocacy Network, EPAN)* ins Leben gerufen. Das EPAN will das in einem Aufruf der ÖRK-Vollversammlung von Busan 2013 formulierte Thema „Pilgerweg der Gerechtigkeit und des Friedens" in konkrete Maßnahmen übersetzen.

Die *Mitgliederversammlung der Vereinigung Evangelischer Freikirchen* (VEF) hat mit *Foursquare Deutschland* und der *Anskar-Kirche* zwei neue Vollmitglieder aufgenommen. In einem feierlichen Gottesdienst in Stuttgart betonte VEF-Präsident Ansgar Hörsting, er freue sich über die „Vielfalt von Prägungen und Traditionen", die in der VEF durch eine gemeinsame Basis ermöglicht werde: „Die Überzeugung, dass Kirche die Gemeinschaft der Glaubenden ist, verbindet uns. Die Grundlage ist und bleibt die Einheit, die Jesus Christus gibt."

Mehrere zehntausend Jugendliche aus ganz Europa kamen zum Jahreswechsel nach Prag zum *Europäischen Jugendtreffen der ökumenischen Gemeinschaft von Taizé.* Mit Blick auf den Fall des Eisernen Vorhangs vor 25 Jahren stand die Versöhnung zwischen Ost und West als eines der wichtigsten Themen auf der Tagesordnung. Zum Abschluss eines Jahres, das im Zeichen der Gedenken beider Weltkriege, des Konflikts in der Ukraine und der Europawahlen stand, sollte das Jugendtreffen vom 29. Dezember bis 2. Januar ein Zeichen des Friedens und der Versöhnung sein.

Das nächste *Europäische Taizé-Jugendtreffen* zum Jahreswechsel soll vom 28. Dezember 2015 bis zum 1. Januar 2016 im spanischen Valencia stattfinden. Neben den Jugendtreffen zum Jahreswechsel sind weitere Veranstaltungen im Rahmen des „Pilgerwegs des Vertrauens" der Taizé-Gemeinschaft geplant.

Der Ökumenische Rat der Kirchen und der Päpstliche Rat zur Förderung der Einheit der Christen, die die *Gebetswoche für die Einheit der Christen* gemeinsam tragen, hatten den *Nationalen Rat der christlichen Kirchen in Brasilien (CONIC)* gebeten, die Materialien für die Gebetswoche 2015 vorzubereiten. CONIC berief dazu eine Arbeitsgruppe ein, die sich aus Repräsentanten der Mitgliedskirchen und der angegliederten ökumenischen Organisationen zusammensetzte. Das Motto ist: „Gib mir zu trinken!" (Joh 4,7). Die Spendenprojekte für die „Ökumenische Kollekte" – Gebetswoche für die Einheit der Christen 2015 sind:

Projekt 1: *Schutz und Hilfe für Frauen und Kinder in Guatemala* (Spendenvorschlag Brot für die Welt – Evangelischer Entwicklungsdienst)

Projekt 2: *Arbeit mit Straßenkindern in Port-au-Prince,* Haiti (Spendenvorschlag des Deutschen Caritasverbandes)

Projekt 3: Ökumenische Ausbildung zu „Wegbereitern der Versöhnung" in Bossey (Spendenprojekt der Arbeitsgemeinschaft Christlicher Kirchen in Deutschland).

Der *Zentrale Gottesdienst zur Gebetswoche für die Einheit der Christen* fand am 25. Januar in 2015 Schwerin statt.

Im Anschluss an diesen zentralen Gottesdienst wurde der mit

3.000 EUR dotierte *Ökumenepreis* der Arbeitsgemeinschaft Christlicher Kirchen in Deutschland (ACK) verliehen. Mit dem *Projekt „Ökumenische Taufkreuze"* hat die ACK VS-Villingen die Jury des Ökumenepreises 2015 überzeugt. Diese wählte das ökumenische Projekt aus insgesamt 37 Bewerbungen aus. Alle neugetauften Kinder und Erwachsene in den Mitgliedskirchen der ACK VS-Villingen erhalten ein kleines Taufkreuz aus Holz, auf dem alle 13 Mitgliedskirchen der Villinger ACK mit einem kleinen Symbol abgebildet sind.

Das „Gedenkzentrum Plötzensee – Christen und Widerstand" hat den *Ökumenepreis 2015 des Ökumenischen Rates Berlin-Brandenburg (ÖRBB)* erhalten. Die Jury würdigte vor allem die Erinnerung an die „Ökumene der Märtyrer", für die sich das Gedenkzentrum stark macht. Der mit 1.000 Euro dotierte Preis wurde am 19. Januar im Rahmen des ÖRBB-Neujahrsempfangs verliehen. Das ökumenische Gedenkzentrum ist seit 2009 ein konfessionsübergreifender Erinnerungsort für den Widerstand gegen das NS-Regime. Neben Ausstellungen, Seminaren, Konzerten und Gottesdiensten gibt es eine Bibliothek mit Archiv über den Widerstand. Zudem will das Zentrum den Blick auf die Konsequenzen für die Gegenwart weiten, etwa beim Schutz der Menschenrechte.

Die *Ökumenische Bibelwoche* 2015 steht unter dem Titel *„Wissen, was zählt – Zugänge zum Galaterbrief"*. Die Exegese im Arbeitsbuch hat der bekannte Neutestamentler Hans-Joachim Eckstein erarbeitet.

Das Thema *„Kunst und Ökumene"* steht im Mittelpunkt des 49. Internationalen Ökumenischen Seminars vom 1. bis 8. Juli 2015 in Straßburg. Veranstalter ist das Institut für Ökumenische Forschung des Lutherischen Weltbunds. Die Kunst könne eine wichtige Rolle spielen, wenn es die Vielfalt der Christen wahrzunehmen und sich neu bewusst zu machen gelte, heißt es in der Ausschreibung. Anmeldung: Institute for Ecumenical Research, 8, rue Gustave Klotz, F-67000 Strasbourg, Telefon: +33 (0)3 88 15 25 74, Fax: +33 (0)3 88 15 25 70, E-Mail: strasecum@ecumenical-institute.org.

Der *Ökumenische Tag der Schöpfung* 2015 fragt nach Möglichkeiten und Grenzen des Umgangs mit der Natur. Das Motto lautet: „Zurück ins Paradies?" Die zentrale Feier findet am 4. September 2015 in Borna bei Leipzig statt. Für den Ökumenischen Tag der Schöpfung wird ein Gottesdienstheft erstellt werden, das einen von einer Arbeitsgruppe der ACK Sachsen erarbeiteten Gottesdienstentwurf und weitere Materialien zum Motto des Schöpfungstages enthalten wird. Erscheinungstermin ist Frühjahr 2015. Gleichzeitig wird es auch ein Bildmotiv geben.

Von Personen

Heinrich Bedford-Strohm, Landesbischof der Evangelisch-Lutherischen Landeskirche in Bayern, wurde am 11. November zum neuen Vorsitzenden des Rates der Evangelischen Kirche in Deutschland (EKD) gewählt. Er folgt auf *Nikolaus Schneider*, der zum 10. November aus dem Amt geschieden war.

Markus Dröge, Bischof der Evangelischen Kirche Berlin-Brandenburg-schlesische Oberlausitz, wurde am 11. November in den Rat der EKD gewählt. Zudem ist er Vorsitzender des Aufsichtsrates des Evangelischen Werkes für Diakonie und Entwicklung.

Gerhard Ulrich, Landesbischof der Evangelisch-Lutherischen Kirche in Norddeutschland, wurde am 7. November als Leitender Bischof der VELKD wiedergewählt. Eine Wahl des Leitenden Bischofs findet alle drei Jahre statt.

Die Orthodoxe Rabbinerkonferenz Deutschland (ORD) hat ihren amtierenden Vorstand bestätigt und einen neuen Beirat gewählt. Wiedergewählt wurden die Rabbiner *Avichai Apel* (Dortmund), *Zsolt Balla* (Leipzig) und *Yehuda Pushki*n (Esslingen). In den Vorstandsbeirat wurden die Rabbiner *Yaakov Ebert* (Würzburg), *Jona Pawelcyk-Kissin* (Heidelberg), *Avraham Radbil* (Osnabrück) und *Julien-Chaim Soussan* (Frankfurt a. M.) gewählt.

Gottfried Locher, seit 2011 Präsident des Rates des Schweizerischen Kirchenbundes (SEK), hat am 1. Januar 2015 seine zweite vierjährige Amtszeit begonnen. Er wurde bereits im Juni 2014 wiedergewählt. Neue Ratsmitglieder sind *Esther Gaillard*, Vorsitzende des Synodalrats der Evangelisch-reformierten Kirche im Kanton Vaud, und *Daniel Reuter*, Mitglied des Kirchenrats der Reformierten Kirche im Kanton Zürich.

Myriam Wijlens, Professorin für Kirchenrecht an der Katholisch-Theologischen Fakultät der Universität Erfurt/Thüringen, gehört weiterhin der Kommission für Glauben und Kirchenverfassung des Ökumenischen Rates der Kirchen in Genf/Schweiz an, deren Mitglied sie seit 2008 ist. Das teilweise neu besetzte Gremium nimmt offiziell im Juni 2015 die Arbeit seiner achtjährigen Amtszeit auf.

*Es vollendeten
das 70. Lebensjahr:*

Anselm Grün OSB, Benediktinerpater in Münsterschwarzach, Autor spiritueller Bücher, Referent zu spirituellen Themen, geistlicher Berater und Kursleiter für Meditation, Kontemplation, geistliches Leben etc., am 14. Januar;

Maria Jepsen, weltweit erste lutherische Bischöfin, ab 1992 Bischöfin von Hamburg und ab 2008 Bischöfin des Sprengels Hamburg-Lübeck der Nordelbischen Kirche, trat im Juli 2010 zurück, am 19. Januar;

Kardinal Christoph Schönborn OP, seit 1995 Erzbischof von Wien und Vorsitzender der Österreichischen Bischofskonferenz, am 22. Januar;

Manfred Probst SAC, seit 1987 Gründungsleiter der Stiftung zur Förderung der Theologischen Hochschule der Pallottiner (PTHV) in Vallendar/Koblenz, wirkte als Berater der Liturgiekommission der Deutschen Bischofskonferenz (1986–2001), am 13. Dezember;

das 80. Lebensjahr:

Kees de Kort, Pionier der modernen Illustration von Kinderbibeln, am 2. Dezember;

Eberhard Jüngel, Ordinarius für Systematische Theologie und Religionsphilosophie sowie Direktor des Instituts für Hermeneutik an der Eberhard Karls Universität Tübingen, bis 2013 Kanzler des Ordens Pour le Mérite für Wissenschaft und Künste, am 5. Dezember;

das 85. Lebensjahr:

Fernando Kardinal Sebastian Aguilar, früherer Erzbischof von Pamplona-Tudela (1993–2007) in Nordspanien, am 14. Dezember.

Verstorben sind:

Jorge Kardinal Mejia, früherer Leiter des Vatikanischen Archivs und der Vatikanischen Bibliothek (1998–2003), prägende Gestalt im vatikanisch-jüdischen Dialog, im Alter von 92 Jahren, am 9. November;

Gerta Scharffenorth, Heidelberger Politologin und Theologin sowie 1970 als erste Frau in den Rat der Evangelischen Kirche in Deutschland gewählt, im Alter von 102 Jahren, am 4. Dezember;

Rolf Dammann, ehemaliger Generalsekretär des Bundes Evangelisch-Freikirchlicher Gemeinden in der DDR, im Alter von 90 Jahren, am 3. Dezember.

Hermann Sticher, früherer Bischof der Evangelisch-methodistischen Kirche in Westdeutschland und West-Berlin (1977–1989), seit 1966 war er u. a. Mitglied im Europäischen Rat und im Weltrat Methodistischer Kirchen, im Alter von 87 Jahren, am 19. Dezember;

Ulrich Beck, renommierter Soziologe, der u. a. in Münster, Bamberg und München lehrte, im Alter von 70 Jahren, am 1. Januar 2015;

Friedrich Weber, ehemaliger Braunschweiger Landesbischof und amtierender geschäftsführender Präsident der Gemeinschaft Evangelischer Kirchen in Europa (GEKE), am 19. Januar (s. Nachruf i. d. H., S. 116 f).

I. Ökumenische Bewegung

Wolfgang Thönissen, „Zur Einheit gerufen". Zur Situation der Ökumene im Jahr 2013/2014, KNA-ÖKI 50/14, Dokumentation I–VIII;

Isabel Apawo Phiri and *Kim Dongsung*, Called to Be a Diaconal Community Through a Pilgrimage of Justice and Peace, EcRev 3/14, 252–264;

Beverley Haddad, Service or Subservience? Diakonia in Our Globalized, Gendered World, EcRev 3/14, 274–287;

Isaiah Kipyegon Toroitich and *Guillermo Kerber*, Diakonia, Sustainability and Climate Change, EcRev 3/14, 288–301.

II. Abendmahl als ökumenische Herausforderung

Bernd Oberdorfer, „Entsetzliche Speculationen"? Überlegungen zur Argumentationslogik in Luthers Abendmahlslehre, EvTheol 6/14, 413–422;

Dirk J. Smit, Gegenwart des lebendigen Christus. Calvins Theologie des Abendmahls als ökumenische Herausforderung, EvTheol 6/14, 423–437;

Michael Welker, Barth, Luther und die dramatische Realpräsenz Christi im Abendmahl, EvTheol 6/14, 438–446;

Dorothea Sattler, Eucharistische Realpräsenz des diakonischen Lebens Jesu Christi. Eine römisch-katholische Perspektive; EvTheol 6/14, 447–460.

III. Das Problem des Bösen

Marianus Bieber, Hermeneutische Antwort auf das Unde malum – eine religionsphänomenologische Spurensuche, UnSa 4/14, 250–263;

Paul Metzger, „Woher kommst du?" Die Geburt des Teufels aus dem Geist des Monotheismus, UnSa 4/14, 264–274;

Hanna-Barbara Gerl-Falkovitz, Das Böse, der Böse? Nachdenken im Zeichen des Unlösbaren; UnSa 4/14, 326–343.

IV. Ethisch-moralische Fragestellungen

Dieter Müller SJ, Kirchenasyl – Rechtsbruch oder Rechtshilfe?, StimdZ 12/14, 793–794;

Josef Schuster SJ, Die umstrittene Universalität der Menschenrechte, StimdZ 12/14, 795–805;

Roland W. Moser, Pränatale Medizin: Apokalypse oder Segen?, StimdZ 12/14, 806–814;

Stefan Orth, Bischofssynode: Neue Akzente bei sexualethischen Positionen? HerKorr 11/14, 547–549;

Josef Schuster, Dienst am Rand der Kirche. Zur Diskussion um Donum Vitae und die Schwangerenkonfliktberatung, HerKorr 11/14, 576–580;

Michael Kuhnert/August Stich, Die Pest des 21. Jahrhunderts? Ebola setzt das Thema Gesundheit an die Spitze der Entwicklungsagenda, HerKorr 11/14, 551–554;

Giovanni Maio, Handhabbarer Tod? Warum der assistierte Suizid nicht die richtige Antwort ist, HerKorr 11/14, 567–572.

V. Weitere interessante Beiträge

Taeyon Kim, Dao Als „Religion": Eine chinesische Debatte zwischen christlichen Missionaren und Konfuzianern aus dem Jahr 1891, IntkultTheol 4/14, 286–302;

Claudia Jahnel, Ökumenegeschichtsschreibung, IntkultTheol 4/14, 324–345;

Steffen Leibold, Interreligiosität in der Genesis – eine Perspektive für heute? Ein Versuch gegen den Hegemonialanspruch der „mosaischen Unterscheidung", Intkult Theol 4/14, 346–369;

Heinz Gstrein, So nahe wie lange nicht mehr. Beobachtungen zum Besuch von Papst Franziskus bei Bartholomaios, KNA-ÖKI 50/14, 3–4;

Dariusz Morawski (†), Das Bild des Juden in Stanislaw Vinzenz' Epos „Auf der hohen Parpatenalp". Chassidisches Leben im Roman,

StimdZ 12/14, 815–824;

Thomas Großbölting, Dem Glauben entwöhnt. Der Kirchenkampf der SED und seine Folgen bis heute, HerKorr 11/14, 559–564;

Felix Körner, Dialog in Zeiten der Krise. Rom und das islamisch-christliche Gespräch, HerKorr 11/14, 580–586;

Martin Gehlen, Kernschmelze im Orient. Der Islam im Angesicht von Terror und Gewalt, HerKorr 11/14, 586–590.

VI. Dokumentationen

Themenheft: Suizid und Suizidabsichten, mit Beiträgen von *Michael Rohde,* Suizid und Suizidgedanken in biblischer Perspektive (163–173); *Claudia Rosenthal*, Suizid und Suizidalität aus ärztlicher Perspektive (174–181); *Winfried Glatz,* Anwalt für Drei. Ethische Argumente und Problemsituationen im Umfeld von Suizidalität (182–202), Theologisches Gespräch 4/14.

Zum *Themenjahr 2015 „Bild und Bibel"* erscheint das Arbeitsmaterial der Ökumenischen Bibelwoche 2015 (Titel: „*Wissen, was zählt – Zugänge zum Galaterbrief*") in neuer Gestalt. Neben dem Arbeitsbuch für Kursleitende und dem Teilnehmerheft wird erstmalig eine DVD mit Materialien zur Gestaltung von Plakaten, Artikeln im Gemeindebrief, Gestaltungsideen für Kursabende und andere Veranstaltungen angeboten. Die

Materialien erscheinen im Verlag Neukirchener Aussaat. Herausgeber sind die Arbeitsgemeinschaft Missionarische Dienste (AMD), die Deutsche Bibelgesellschaft (DBG) und das Katholische Bibelwerk.

„Atheistische Weltdeutungen – Herausforderungen für Kirche und Gesellschaft" (EZW-Text 232) skizziert atheistische Weltdeutungen und geht der Frage nach, wie Kirche, Theologie und Gesellschaft auf ihre wachsende Sichtbarkeit antworten können. Durch einen Dokumentationsteil wird der Charakter der Publikation als Arbeitstext unterstrichen, der in Schulen, Hochschulen und der Erwachsenenbildung zur Meinungs- und Urteilsbildung beitragen möchte. Der Text *„Wer sind wir und wie viele? – Anmerkungen zur Zukunft des Protestantismus aus Sicht der Weltanschauungsarbeit"* (EZW Text 231) fragt nach der Zukunft des Protestantismus auf dem Hintergrund heutiger Veränderungen der religiös-weltanschaulichen Land-

schaft. In den Analysen protestantischer Pluralität wird die religiöse Praxis mit zahlreichen originellen Beobachtungen und Details beschrieben.

„Die Reformation und die Juden – Eine Orientierung", erstellt im Auftrag des wissenschaftlichen Beirates für das Reformationsjubiläum 2017, und *„Pastorale Existenz heute"*, Vortrag von Prof. Dr. Fulbert Steffensky, epd-Dok 46/14.

„informieren – transformieren – reformieren", EKD-Zukunftsforum für die Mittlere Ebene, 15.–17. Mai 2014, epd-Dok 44/14.

Martin Dutzmann, Sterbehilfe: Statement zum Thema Suizidbeihilfe. *Joachim Ochel,* „Alles ist gut gegangen"? Theologische Anmerkungen zur Debatte um die Beihilfe zum Suizid; *Friedensethische Stellungnahme des Rates der EKD:* Friedenspflicht: UN-Mandat für Einsatz gegen IS-Terror – Schutz von Flüchtlingen hat höchste Priorität; *Markus Dröge,* Wie wird Friede?, epd-Dok 39/14.

Neue Bücher

ÖKUMENISCHE BEWEGUNG

Konrad Raiser, Ökumene unterwegs zwischen Kirche und Welt. Erinnerungsbericht über dreißig Jahre im Dienst der ökumenischen Bewegung. LIT-Verlag, Berlin 2013. 478 Seiten. EUR 49,90.

„Vor jeder Begegnung: Denk, was der andere für einen Weg hatte" (Peter Handke, Phantasien der Wiederholung, Frankfurt 1983, 42). Wer Konrad Raiser bei seinen unermüdlichen Bemühungen um die Ökumene begegnet, erspürt nach kurzer Zeit, wie reichhaltig die Erfahrungen sind, von denen er zu erzählen hat. Der autobiographische Rückblick von Raiser auf seinen Weg in der ökumenischen Bewegung vom Beginn seiner Studienzeiten 1957 an bis heute ist von der Intention geleitet, einen Beitrag zum Verständnis der Gegenwart sowie zur Gestaltung der Zukunft der Ökumene zu verfassen. Daher verzichtet er weithin auf die Beschreibung seiner eigenen Empfindungen, vielmehr konzentriert er seinen Blick auf Strukturen und Themen der ökumenischen Bewegung, in die er im Rahmen seiner vielfältigen Tätigkeiten Einblick hatte: beim Ökumenischen Rat der Kirchen in Genf (1969-1973 als Mitarbeiter im Sekretariat für Glauben und Kirchenverfassung; 1973-1983 im Generalsekretariat des ÖRK; 1992-2003 als Generalsekretär des ÖRK), in den Gremien in Deutschland (Deutscher Ökumenischer Studienausschuss; Ökumenische Rundschau; Deutscher Evangelischer Kirchentag und viele weitere) sowie in der Zeit seiner universitären Forschung und Lehre in Bochum als Professor für Systematische Theologie und Ökumenik (1983-1992).

Biographisch gestaltete Zugänge zur Geschichte einer Institution haben viele Vorteile: Sie sind spannend zu lesen, weil sie es ermöglichen, über die persönlichen Entscheidungen einzelner Menschen in ihrem sozialen Kontext nachzudenken; die Offenheit mancher der getroffenen Entscheidungen wird so deutlich; die Weggefährten kommen in den Blick; die Schilderung von Enttäuschungen und Hoffnungen fordert zu einer eigenen Auseinandersetzung mit den damaligen Ereignissen heraus. Zugleich geschieht auf der fachlichen Ebene etwas, was durch ein Studium der am Ende der ökumenischen Gespräche in der Regel vereinbarten Textdokumente allein nicht erreicht werden kann: Die Zwischenschritte werden transparent; die Handlungsträger haben einen Namen; die Anliegen, die Ängste, die Perspektiven, die diplomatischen Vorgänge werden transparent – gewiss in subjektiver Wahrnehmung einer Person, die selbst am Geschehen beteiligt war. Ich bin sehr zuversichtlich, dass Studierende der Theologie durch die Lektüre der Lebenserinnerungen von Raiser einen Einblick in das innere Leben der ökumenischen Bewegung gewinnen und zugleich auf anschauliche und spannende Weise wichtige Sachinformationen vermittelt bekommen, die insbesondere das Verständnis der Studienprozesse des ÖRK sowie der thematischen Konzeptionen der Vollversammlungen des ÖRK erleichtern können.

Raiser hat seine Lebenserinnerungen chronologisch strukturiert. Dies lag nahe. Den Zeiten und den Orten seines ökumenischen Handelns nachzudenken, ist sein vorrangiges Gliederungsprinzip bei der Ordnung seiner Gedanken. Zugleich bemüht er sich in seinem letzten Kapitel im Sinne einer Bilanzierung seines Engagements um eine Zusammenschau seiner Erfahrungen, die zwar auch dem Zeitfaden folgt, darüber hinaus jedoch vier Aspekte bestimmt, die in allen Phasen seines ökumenischen Wirkens bedeutsam waren: (1.) das Verständnis der Einheit der Kirche(n); (2.) die ethischen Herausforderungen in der Ökumene; (3.) das Verständnis von konziliarer Gemeinschaft in Verbundenheit mit dem Einsatz für Frieden, Gerechtigkeit und Bewahrung der Schöpfung und (4.) die Kennzeichen einer Theologie der Ökumene auf der Suche nach ihrer spezifischen Hermeneutik.

Raiser blickt auf Jahrzehnte der ökumenischen Bewegung zurück, in denen die Römisch-katholische Kirche sich auf der Grundlage der Lehre des 2. Vatikanischen Konzils (1962–1965) als Teil der einen ökumenischen Bewegung zu verstehen lernte. Die frühen Zeiten des ökumenischen Aufbruchs hat er ebenso erlebt wie die bereits in den 70er Jahren eintretende Ernüchterung. Es liegt ihm daran, die Ergebnisse der Bemühungen in der Gemeinsamen Arbeitsgruppe des ÖRK und des Päpstlichen Rates für die Förderung der Einheit der Christen mit Wertschätzung zu kommentieren.

Das Lebensthema von Raiser hat dem Buch den Titel geschenkt: die Sorge um eine angemessene Verbundenheit der Kirche Jesu Christi mit den Nöten der Welt. Sein früh erwachtes politisches Interesse ist in den Gesprächen mit seinem Vater Ludwig Raiser geformt und durch die Verbundenheit mit der Familie seiner Frau Elisabeth, geborene von Weizsäcker, gefestigt worden. Auch wenn die auf Kontroversfragen in den Themenbereichen Taufe, Eucharistie und Amt bezogene Dialogökumene ihm angesichts seiner Lehrjahre unter Lukas Vischer in der Kommission für Glauben und Kirchenverfassung nicht unbekannt blieben, neigte Raiser von Beginn an eher zu einer ökumenischen Methodik, die vorrangig die Lebensnöte der Menschen weltweit in den Blick nimmt. So verwundert es nicht, dass er am Ende seines Buches eine ökumenische Vision formuliert, bei der das Wohlergehen der gesamten Schöpfung im Mittelpunkt steht (vgl. 446–448). Die ihm geeignet erscheinende Metapher für eine Zielperspektive des ökumenischen Handelns ist die des „ökumenischen Raumes (space)" (vgl. 449–451): Alle Menschen, die auf der Suche sind, sind dort willkommen – nicht nur jene, die formell den Institutionen der ökumenischen Bewegung zugehörig sind. Die primäre Aufgabe des ÖRK ist es nach Raiser, diesen Raum der Kommunikation zu schützen, da in ihm nach Lebensmöglichkeiten für alle Geschöpfe gesucht wird. Raiser ist nüchtern im Hinblick auf die Möglichkeit, die sichtbare Einheit der Kirche(n) erreichen zu können. Überlegungen beispielsweise zu Detailfragen der ökumenischen Ämterlehre werden nicht erörtert. Ämter sind für ihn Dienste, die nicht im Mittelpunkt seiner Rede stehen. Berufene Menschen haben eine an sie delegierte Aufgabe zu erfüllen, für die sie ausgebildet werden.

Raiser weist selbst darauf hin, dass vor ihm einzig Willem A. Visser 't Hooft rückblickend auf seine Zeit als Generalsekretär des ÖRK eine Autobiographie veröffentlicht hat. Raiser schildert anekdotisch, wie er mit anderen Mitarbeitern im ÖRK die Entstehungsgeschichte dieses Werks eines offenkundig sehr disziplinierten Menschen in Abendrunden erlebte (vgl. 14 f). Das 1972 erschienene Buch von Visser 't Hooft mit dem Titel „Die Welt war meine Gemeinde" habe ich als junge Studentin der römisch-katholischen Theologie mit Staunen über die mir bis dahin unvertraute große Welt der Ökumene und mit Bewunderung für ein Lebenswerk gelesen. Wer das Buch von Konrad Raiser liest, dem und der kann Gleiches widerfahren.

Dorothea Sattler

Ulrich Dehn, Weltweites Christentum und ökumenische Bewegung. EB-Verlag Dr. Brandt, Berlin 2013. 221 Seiten. Br. EUR 19,80.

Eine weitere „Einführung in die Interkulturelle Theologie" – aber eine, die nicht gleich vom Titel her als solche erkennbar ist. Der Titel selbst annonciert dabei eine gewisse programmatische Profilierung, die den Band von anderen Einführungen unterscheidet, ohne eine thematische Verengung vorzunehmen. Darin liegt – unter anderem – die Stärke der vorliegenden Veröffentlichung, die kurz vor der 10. Vollversammlung des ÖRK in Busan entstanden ist und sich entsprechend in einem gewissen ökumenischen Luftzug verortet: Sie nimmt explizit auch Leser/innen „mit wissenschaftlichem Interesse an ökumenischen Belangen" (10) in den Blick. Darüber hinaus ist bemerkenswert und mutig, dass der Autor hinsichtlich des akademisch-theologischen Umgangs mit der Dimension des Interkulturellen im weltweiten Christentum proklamiert: „Ich möchte zur Verunsicherung beitragen, aber auch andeuten, wie dem Dilemma beizukommen wäre" (9). Damit stellt er sich der anspruchsvollen Herausforderung, gleichzeitig zu elementarisieren, kritisch in Frage zu stellen und kritischer Reflexion standhaltende Perspektiven zu entwerfen – ein ambitioniertes Vorhaben, das jedoch weithin als gelungen gelten kann.

Die zwölf Kapitel folgen einer unsichtbaren übergeordneten Struktur und Logik, die nach Einleitung und theoretischer Grundlegung (Kap.1–2) zunächst Fragen der Missions- und Ökumenegeschichte sowie theologie- und missionskundlich verweben (Kap. 3–6), dann Themen Interkultureller Theologie(n) im engeren Sinne entfalten (Kap. 7–8) und schließlich kulturwissenschaftliche und -theoretische Problemstellungen perspektivisch mit den Ausführungen zur Entwicklung des weltweiten Christentums verschränken (Kap. 10–11); dass die Thematik „Rom und die Ökumene – evangelisch-katholische Gespräche" in ein eigenes kürzeres Kapitel ausgelagert wurde, ist wohl vornehmlich ein Reflex auf diesbezüglich retardierende Entwicklungen, zumindest, was die institutionelle Ebene der Christenheit in ihrer ganzen Ökumene anbelangt.

Mit der programmatischen Stärkung der ökumenewissenschaftlichen Dimension in diesem Entwurf einer Interkulturellen Theologie knüpft Dehn – wohl nicht ohne Absicht – an Traditionen an, die unter anderem, aber vornehmlich, auch in das Umfeld und den Dunstkreis eines früheren Projekts zurückreichen, das ebenfalls den Begriff des „Interkulturellen" innerhalb einer ökumenisch orientierten Theologie stark gemacht hatte: die mit den Namen von Hans Jochen Margull, Walter Hollenweger und Richard Friedli verbundene missionskritische Perspektivierung einer „Interkulturellen Geschichte des Christentums", die sich in der Nomenklatur der von den dreien begründeten Buchreihe widerspiegelt. Der von Werner Ustorf gegenüber dem Gros der Debatten um Interkulturelle Theologie vorgebrachte Vorwurf einer „ökumenischen Vergesslichkeit" greift hier jedenfalls nicht – weder mit Blick auf die hermeneutische Verankerung der Dehnschen Rekonstruktion der Entwicklung missionstheologischer Diskurse, noch hinsichtlich ihrer programmatischen Perspektivierung hin auf die Alternative zwischen einer „handlungs- und beratungsorientierten Missionswissenschaft" oder einer „wirklichkeitsanalytischen Wahrnehmungswissenschaft weltweiter christlicher Lebenswelten und interkultureller

Kontexte" (57). Wo die Sympathien des Autors liegen, ist klar erkennbar – und auch nachvollziehbar angesichts der drohenden Verengung auf eine „volksmissionarische" Applikation Interkultureller Theologie auf das säkularisierte Deutschland oder Europa. Diese ist möglich geworden durch eine vorgebliche Ausweitung des Missionsverständnisses, das nicht mehr das bewahren kann oder will, dem sich „Interkulturelle Theologie" aufgrund ihres Herkommens aus den oben genannten Traditionen verpflichtet weiß, die ihrerseits mit der Geschichte der ökumenischen Bewegung in einem engen Zusammenhang stehen. Hier verschränkt sich auch konzeptuell der Dehnsche Entwurf mit der Aufnahme und Weiterentwicklung missionswissenschaftlicher bzw. -theologischer und ökumenewissenschaftlicher Diskurse wie auch der Entwicklung der ökumenischen Bewegung – sei es in Bezug auf die Einheitsthematik, die besondere Herausforderung an die „Diskursgemeinschaft des Glaubens" (76) stellt, wie momentan virulente Debatten um gleichgeschlechtliche Partnerschaften zeigen, sei es hinsichtlich der ökumenischen Sozialethik. Diese hatte zwar in einer Vielzahl teils redundanter Grundsatzdokumente ihre Fundierung erhalten, aber erst durch die ökumenischen Programme wurden Entwicklungen eingeleitet, durch die auf dezentraler Ebene Aktionen und Initiativen in Verzahnung mit

anderen sozialen Bewegungen außerhalb der eigenen *constituency* ihre Handlungsmacht gewinnen konnten.

In der Fluchtlinie einer solchen produktiven Rekonstruktion missions- und ökumenewissenschaftlicher Diskurse und Praktiken steht folgerichtig die Diskussion um den Postkolonialismus als möglicher Referenzpunkt künftiger Entwicklungen und Tendenzen in der Interkulturellen Theologie. Hier bleibt Dehn zurückhaltend; denn der durch die Postkoloniale Theorie gewirkte Gewinn einer „integrativen Debatte" ist nicht gefeit vor der Gefahr einer letztlich orientierungslosen Synekdoche, in der „die unveränderte Relevanz und Brisanz der Anliegen ... aus dem Bereich der sozialkritischen Theologie der südlichen Kontinente" (191) an Kontur zu verlieren droht. Der Optimismus des Autors scheint an dieser Stelle jedoch zu überwiegen.

Es bleibt zu fragen, ob und inwieweit die theoretisch anspruchsvolle Grundlegung, mit der Dehn unter Bezug auf den Interaktionistischen Konstruktivismus hermeneutisch fundierte und weitreichende Klärungen vornimmt, in ihrer Ausführung nicht etwas zu kurz geraten ist. Immerhin findet sich hier das theoretische Scharnier zwischen Kulturwissenschaft und Theologie in der Anwendung auf Aushandlungsprozesse zwischen unterschiedlichen Verständigungsgemeinschaften, die bei aller Bezogenheit auf

Gemeinsames sich der Perspektivität ihrer Einsichten und „Wahrheiten" bewusst bleiben müssen, um diese nicht letztlich absolut zu stellen. Ein weiteres Monitum wäre das etwas handgestrickte Register, das sich beim Durchkämmen des Textes als recht löchriges Wurfnetz erweist. Doch das alles verblasst angesichts der besonderen Stärke des Bandes, in dem Ulrich Dehn eine konsequent ökumenewissenschaftliche Programmatik entwickelt, die der Interkulturellen Theologie eine hermeneutische Verankerung gibt und sie dadurch – ohne positionell zu werden – fassbarer, evidenter und im besten Sinne profilierter macht als die bislang vorliegenden Entwürfe.

Klaus Hock

FRIEDENSVISIONEN

Mariano Delgado, Adrian Holderegger, Guido Vergauwen (Hg.), Friedensfähigkeit und Friedensvisionen in Religionen und Kulturen, Verlag W. Kohlhammer, Stuttgart 2012. 369 Seiten. EUR 39,90.

Ohne Religion gäbe es weniger Kriege in der Welt. Das sagen die einen, die gesellschaftliche Konflikte häufig religiös motiviert verstehen und das Gewaltpotential von Religionen, insbesondere durch fundamentalistische Strömungen, als sehr hoch einschätzen. Nur mit den Religionen ist wirklicher Friede überhaupt möglich. Das sagen die anderen, die in den Religionen, ihrer versöhnenden Kraft und ihren konfliktsteuernden Friedensvisionen eigentlich die einzige Möglichkeit für dauerhaften Frieden zwischen Menschen, Völkern, ja der gesamten Welt sehen. Zwischen diesen beiden Polen oszilliert die öffentliche Diskussion, wenn es um kriegerische Konflikte und Religionen geht. Seit dem 11. September 2001 geraten Religionen zunehmend in den Verdacht, extremen Terrorismus nicht nur nicht verhindern zu können, sondern im Gegenteil meist treibende Kraft rücksichtsloser Gewalt zu sein, da diese ja im vermeintlichen Auftrag einer „höheren Macht" angewandt wird. In jüngster Zeit heizten die Gewaltexzesse des sogenannten „Islamischen Staates" diese Diskussion erneut an.

In den oft hitzigen und meist oberflächlich geführten Debatten tut es gut, sich grundlegend mit der Friedensfähigkeit und den Friedensvisionen von Religionen und Kulturen auseinanderzusetzen. Einen umfangreichen und interessanten Einblick gewährt der Sammelband, den drei Theologieprofessoren der Universität Fribourg (Schweiz) herausgegeben haben. In ihm sind die Beiträge des 6. Religionsforums der Universität Fribourg veröffentlicht, das im April 2011 zum Thema „Friedensfähigkeit der Religionen" stattfand. In drei großen Abschnitten werden die wesentlichen

131

Aspekte des umfangreichen Themas mit anregenden Beiträgen beleuchtet.

Der erste Teil beschäftigt sich mit der Friedensfähigkeit von Religionen und Gesellschaften. Neben den gut strukturierten Übersichtsbeiträgen des Tübinger Politologen Andreas Hasenclever (Die Menschen führen Krieg und die Götter bleiben im Himmel, Überlegungen zur Religion als Friedenskraft) und des ehemaligen Fribourger Exegeten Othmar Keel (Friedensfähigkeit der Religionen) nehmen der Münchener Theologe Markus Vogt und der Fribourger Ethiker Adrian Holderegger die anthropologischen und soziologischen Aspekte des Themas unter die Lupe. Einen interessanten Zugang wählt Holderegger durch die Ergebnisse der Hirnforschung zum Aggressionstrieb. Sie legen nahe, dass der Mensch von Natur aus „eigentlich als gut, edel und friedfertig anzusehen ist und erst die Einbindung in die menschliche Gesellschaft ihn zu einem streitbaren und Übel zufügenden Wesen macht" (118). Das bedeutet, dass Religion vor allem in ihrer gesellschaftsgestaltenden Kraft entsprechende Voraussetzungen schaffen sollte und damit zum Frieden beitragen kann.

Daran knüpft der zweite Teil an, der konkrete Friedensvisionen der Religionen beschreibt. Neben den klassischen Darstellungen der Friedensaussagen im Christentum (Ulrich Körtner), im Islam (Reinhard Schulze) und dem Buddhismus (Karénina Kollmar-Paulenz) sind auch in diesem Teil wieder originelle Zugänge zum Thema zu finden, wie beispielsweise der Beitrag von Raúl Fornet-Betancourt zur Friedensvision von Ernesto Che Guevara und Ignacio Ella-curía. Die Idee des „neuen Menschen", die Che Guevara antrieb, stelle noch heute eine „Zumutung" (191) dar, könne aber nach Auffassung von Fornet-Betancourt durchaus hilfreich für friedenserzieherische Maßnahmen sein. Die Beiträge zu den Friedensvisionen Kants (Heiner F. Klemme) und der Vereinten Nationen (Mariano Delgado) zeigen, dass ebenso wie Religion nur ein Aspekt konfliktfördernder Faktoren ist, auch nichtreligiöse Entwürfe für Friedensvisionen tragfähig sind.

Schließlich gewährt der dritte Teil einen Einblick in das Labor der Friedensarbeit. Anhand von konkreten Beispielen und Organisationen kann der Leser geradezu nachprüfen, ob die in den ersten beiden Teilen erarbeiteten theoretischen Grundlagen und Perspektiven auch praktisch umsetzbar sind. Gerhard Kruip (Die Rolle der Religionen in der Entwicklungszusammenarbeit) und Heinz-Gerhard Justenhoven (Zur Relevanz des internationalen Rechtes in der Friedensethik der katholischen Kirche) legen auch hier noch einmal solide Fundamente, bevor die Beispiele der Friedensarbeit wie etwa der Stiftung Weltethos (Günther Gebhardt) oder der

Gemeinschaft Sant' Egidio (Cesare Zucconi) dargestellt werden. Beispiele des Interreligiösen Dialogs und der Friedensarbeit im Nahen Osten (Thomas Scheffler) machen das Buch zu einem regelrechten kleinen Kompendium der religiösen Friedensarbeit.

Sicherlich bleiben viele Aspekte unerwähnt, das liegt nun einmal in der Natur von Sammelbänden. Aber die gelungene Mischung aus Übersichtsbeiträgen und überraschenden Seitenblicken macht dieses Buch zu einem wichtigen Begleiter für alle, die sich in die Friedensarbeit einarbeiten wollen. Selbst langjährig Engagierte in diesem Feld werden das Buch zu schätzen wissen, da es die aktuelle Forschung referiert und weitere neue Aspekte der Friedensforschung sowie der religiösen Friedensarbeit aufgreift. Schade, dass dem Buch lediglich ein Personenregister und kein Sachregister beigefügt ist. Dies hätte seinen Charakter als Einführungswerk in das Thema „Friedensfähigkeit der Religionen und Kulturen" noch mehr unterstützt.

Marc Witzenbacher

SCHÖPFUNG

Christian Link, Schöpfung. Ein theologischer Entwurf im Gegenüber von Naturwissenschaft und Ökologie. Neukirchener Verlagsgesellschaft, Neukirchen-Vluyn 2012. 385 Seiten. Gb. EUR 39,–.

Die Ökologie gehört mittlerweile in die Mitte kirchlichen Handelns. Durch den konziliaren Prozess sind in den vergangenen Jahren in den meisten Kirchen Initiativen entstanden, die ganz praktisch zur Bewahrung der Schöpfung beitragen. Ob die Photovoltaik-Anlage auf dem Kirchendach, der energetische Kurzcheck oder der Gesamtprozess zum Erwerb des „Grünen Gockels": Kirchengemeinden wollen nach ihren Möglichkeiten dazu beitragen, schonend mit den vorhandenen Ressourcen umzugehen. Als theologisches Thema führt die Schöpfung allerdings noch eher ein Nischendasein. Der ernsthaft wissenschaftlich geführte Dialog zwischen den Naturwissenschaften und der Theologie begrenzt sich auf einen relativ kleinen Kreis von Interessierten. Wenn es um „Schöpfung" geht, steht meist die Frage nach dem Beginn der Welt und dem scheinbaren Widerspruch zwischen Evolution und Schöpfung im Fokus.

Christian Link, emeritierter Professor für Systematische Theologie an der Ruhr-Universität Bochum, hat der Schöpfungsthematik einen wesentlichen Teil seiner Arbeit gewidmet. Und das hat seinen Grund: „Die Frage nach der Schöpfung ist nicht nur die Frage nach den heute unübersehbaren Gefährdungen der Natur; sie ist im Kern die Frage nach Gott", schreibt er zum Auftakt seiner Monographie „Schöpfung" (7). Dass diese zentrale Frage die gegenwärtige Wissenschaft wenig zu berühren scheint, trieb den Systematiker an, die Gottesfrage und seine ganzheitliche Sicht des Themas „Schöpfung" in den wissenschaftlichen Diskurs einzubringen. Bereits seine 1991 erschienene Darstellung „Schöpfung und Schöpfungstheologie angesichts der Herausforderungen des 20. Jahrhunderts" im „Handbuch Systematischer Theologie" zeigte seine profunde Kenntnis. Das damalige Werk hat er nun gründlich überarbeitet. Sie bildet den Grundstock des vorliegenden Buches.

Schöpfung weist nicht nur auf die Vergangenheit, sondern die Schöpfungserfahrung fragt „nach etwas Bestehendem, Gegenwärtigem, das sich durch seine Präsenz Anerkennung und Geltung verschafft" (35). An dieser Feststellung entwickelt Link, wie sich die Schöpfungsthematik in nahezu alle Bereiche des theologischen Denkens einschreiben lässt. In seiner exegetischen Grundlegung stellt er dar, dass die Bibel keine Schöpfungslehre entfaltet, sondern von ihr erzählt (34). Diese Erkenntnis versucht er anschließend auch für den Dialog mit den Naturwissenschaften fruchtbar zu machen (114 ff). Er weist nachvollziehbar auf, wie sich Theologie und Naturwissenschaft auf dieselbe Wirklichkeit beziehen, aber jeweils unterschiedliche Erfahrungen mit ihr darstellen. Die Verständigung müsse also tiefer ansetzen, „indem wir von jenem, unserer Wissenschaft vorausliegen-

den, sie bedingenden ‚Grund' ausgehen, in welchem die Möglichkeiten vorgezeichnet sind, die wir – durch Physik und Biologie – verwirklichen" (184). Anhand des von Wittgenstein aufgeworfenen Begriffs des „Sprachspiels" legt er dar, wie Theologie und Naturwissenschaften unterschiedliche Sprachen verwenden und erläutert die daraus resultierenden spezifischen Probleme und Grenzen des Dialogs. Eine wichtige Differenzierung sieht er zwischen „Natur" und „Schöpfung", deren äquivalenter Gebrauch für einige Verwirrung sorge. Der Mensch vermöge eben nicht, die „Schöpfung" zu bewahren, dies kann allein Gott. Als Kreatur ist der Mensch lediglich gemäß seinem Auftrag (vgl. Gen 2,15) imstande, die Natur zu bebauen und sie in den Grenzen seiner Möglichkeiten in Ordnung zu halten. Diese Einsicht bestimmt auch das ökologische Kapitel, das zahlreiche gewinnbringende Einsichten und Hinweise für ethische Fragen liefert (188 ff), wie die Bioethik oder den Umgang mit Tieren. Schließlich gibt Link im abschließenden systematischen Teil eine dogmatische Rechenschaft von der Welt als Schöpfung, wobei er alle wichtigen Topoi der Theologie in den Horizont der Schöpfung stellt, beispielsweise die Trinitätslehre (291 ff) oder auch das Problem der Theodizee (340 ff). Schließlich rundet er seinen systematischen Durchgang durch die Schöpfung mit einem eschatologischen Ausblick ab (350 ff).

Man merkt, wo Christian Links Herz schlägt. Der systematische Teil sowie seine Thesen zum Dialog zwischen Theologie und Naturwissenschaften führen nicht nur in die Thematiken ein, sondern bringen neue überraschende Aspekte ins Gespräch. Das Buch vermittelt insgesamt einen umfassenden Überblick, wenngleich man sich an manchen Stellen eine etwas griffigere Sprache gewünscht hätte. Leider sind auch Impulse aus der Ökumene nur an wenigen Stellen ausgearbeitet. Gerade die orthodoxe Sicht der Schöpfung und deren Impulse für die kirchliche Praxis hätten einen prominenteren Platz in Links Werk verdient. Das schmälert aber nicht Links Arbeit. Man legt das Buch angeregt und informiert zur Seite. Aber als regelrechtes Nachschlagewerk und Handbuch zur Thematik „Schöpfung" wird man Links Buch nicht nur einmal zur Hand nehmen.

Marc Witzenbacher

THEOLOGIE DER GABE

Veronika Hoffmann, Skizzen zu einer Theologie der Gabe. Rechtfertigung – Opfer – Eucharistie – Gottes- und Nächstenliebe. Herder, Freiburg i. Br. 2013. 583 Seiten. Pb. EUR 45,–.

In ihrer von der Katholisch-Theologischen Fakultät Erfurt als Habilitationsschrift angenommenen Arbeit fragt die Vfn., Professorin für Systematische Theologie in Siegen, danach, inwieweit sich das Konzept „Gabe" als Linse für die systematisch-theologische Reflexion bezüglich Rechtfertigung, Opfer, Eucharistie sowie Gottes- und Nächstenliebe eignet. Dafür sollen die bislang in der Theologie nur wenig ausgeleuchteten Gaben-Diskurse der Sozialwissenschaften und der Philosophie hinsichtlich der genannten theologischen Gegenstandsbereiche fruchtbar gemacht werden, womit sich für die Vfn. die Zuversicht verbindet, auch bislang unbeachtet gebliebene Kontaktpunkte ökumenisch-theologischer Verständigung markieren zu können.

Die Notwendigkeit, für diese Aufgabe zu einem gegenüber dem Alltagsverständnis stärker durchgearbeiteten Gabe-Begriff zu gelangen, führt in Kapitel I zu einer gabentheologischen Grundlegung, bei der die Vfn. zunächst Gabe-Theorien in den Sozialwissenschaften sowie in Philosophie und Theologie sichtet. Die Durchmusterung der mit dem Werk „Die Gabe" von Marcel Mauss (1923/24) einsetzenden sozialwissenschaftlichen Gabe-Theorien erweist sich als notwendig, weil die – wenigen – theologischen Überlegungen stark an diese Theorien anknüpfen, und als fruchtbar, weil auf diesem Wege grundlegende im weiteren Verlauf der Arbeit zu bedenkende Fragen hervortreten.

Zu ihnen gehört die Frage danach, ob der Gabe-Vorgang etwas einseitiges oder wechselseitiges ist, und weiter, wie sich das Gabe-Objekt und der Prozess des Gebens in ihrer Bedeutsamkeit für eine Gabe-Theorie zueinander verhalten. Die Durchsicht der vorliegenden Ansätze zu einer Theologie der Gabe lassen erkennen, dass die Konfliktlinien hier nicht streng entlang den konfessionellen Lagern verlaufen, sondern auch innerhalb der evangelischen Theologie die Gabe entweder als einseitig (Oswald Bayer, Ingolf U. Dalferth) oder wechselseitig (Magdalene L. Frettlöh, Bo K. Holm) interpretiert wird. In diesen Differenzen werden später näher entfaltete Deutungsmuster der Rechtfertigungslehre wirksam. Deutlich wird, dass Gabe ein „mehrfach signierter" Begriff ist, der je nach Diskurs- und Theoriekontext unterschiedlich bestimmt wird. Der zweite Teil des ersten Kapitels ist den gabetheoretischen Überlegungen von Marcel Henaff und Paul Ricoeur gewidmet. Henaff untersucht, wie sich Gestalt und Funktion der Gabe im Entwicklungsgang der menschlichen Gesellschaften verändert haben, wobei er *historische* Schrittfolgen herausarbeitet, die von der Vfn. für den Fortgang der Untersuchung *systematisch* ausgewertet werden: die Verpflichtung zur Wechselseitigkeit im auf Anerkennung zielenden Geben, das Konzept einer (göttlichen) ersten Gabe und das Verständnis

von Gnade als einseitiger Gabe, mit dem eine deutliche Differenz zur zeremoniellen Gabe markiert ist.

In seiner Weiterführung von Honeffs Überlegungen interpretiert Ricoeur die „erste Gabe" nicht als Verpflichtung zur Gegen-Gabe, sondern als Appell, der auf Antwort, anders gesagt: auf das rechte Empfangen, wartet. Weil der Geber zudem nicht ein „etwas" gibt, sondern „etwas von sich", entstehe zudem eine Asymmetrie, die eine verrechenbare Äquivalenz in der Bewegung von Geben und Empfangen verhindere. Im Kern geht es also darum, die Gabe als das anzuerkennen, was sie ist, nämlich als Appell, sich im Sinne einer „zweiten ersten Gabe" ähnlich großzügig zu verhalten wie der Geber es tat. Gabe und Anerkennung sind der Vfn. zufolge in grundlegender Weise zu verknüpfen: Wird Gabe – personal – als „Gabe der Anerkennung" verstanden, dann, so die These, lassen sich Einseitigkeit und Wechselseitigkeit als einander bedingende Momente des Gabe-Vorgangs interpretieren.

Die Durchführung dieser These ist dem umfangreichen zweiten Kapitel vorbehalten, das mit der Frage des Einbezogenseins des Menschen in den Vorgang seiner Erlösung einsetzt. In der Auseinandersetzung insbesondere mit Eberhard Jüngel fragt die Vfn. nach Chance und Grenzen einer strikt von der Passivität des Menschen im Empfang des Heils ausgehenden „Einseitigkeitslogik", die auf die soteriologische Ohnmacht des Menschen und die Alleinwirksamkeit der Gnade als Garant der Heilsgewissheit abhebt. Sie macht geltend, dass auch eine hoch asymmetrische Gemeinschaft, wie die zwischen Gott und Mensch es ist, doch irgendeine Gestalt von Wechselseitigkeit einschließen müsse und schlägt vor, Rechtfertigung zu verstehen als Gottes „schöpferisch verkennende Anerkennung" (321), wobei Gott im Sünder mehr sieht als er aktuell ist. „Diese Spannung rückt dasjenige, *was* anerkannt wird, und dasjenige als *was* es anerkannt wird, auseinander und bindet sie zugleich an-einander" (320). Diese dreistellige Formel der Anerkennung (X erkennt Y *als Z* an) unterlaufe die Gegenüberstellung von forensischer und effektiver Rechtfertigung, markiere aber zugleich eine von Gott her bestehende Einseitigkeit des Gabe-Vorgangs, die durch keine Gegen-Gabe des Menschen adäquat eingeholt werden könne. Und dennoch, so die Vfn., ziele die Gabe der Anerkennung durch Gott auf eine Antwort, eine „zweite Gabe", die die Asymmetrie zwischen Gott und Mensch nicht in Frage stellt, als Ausweis der durch die Gabe der Anerkennung angezielten Gemeinschaft jedoch unverzichtbar ist. Die Vfn. präzisiert, dass dieses Gabe-Modell erst in trinitarischer Perspektive sachgemäß interpretiert werden könne, insofern Gott – mehrstellig – sowohl Geber als auch Empfänger und Gabe sei, womit der Mensch immer schon von Gott umgriffen wird, wenn er sich in die trinitarische Bewegung des Sich-Gebens hineinnehmen lässt. Dabei stelle Gottes gnädiges Handeln am Menschen diesen „weniger vor eine Wahl, als sie ihn zum Vollzug seines Wesens befreit" (345).

Auch in den folgenden Teilen des Kapitels, die hier nicht näher betrachtet werden können, wird die These der Arbeit durchgehalten: Auch im „Opfer" ist Gott – als Geber, Gabe und Empfänger – mehrstellig präsent, umfängt somit asymmetrisch das Opfer, das der Mensch seinerseits zu geben vermag. Analoges gilt für die Eucharistie. Und schließlich verdankt sich die Verknüpfung von Gottes- und Nächstenliebe einer innertrinitarischen „Logik der Überfülle", an der der Mensch Anteil erhält und aus der heraus er gibt. Hervorzuheben an diesen Ausführungen bleibt die eingehende Erkundung und Einordnung wichtiger biblischer Texte und die prägnante Zusammenfassung des Ertrags am Ende eines jeden Hauptteils. Reflexionen zum Verhältnis einer Theologie der Gabe zur Pneumatologie beschließen die Arbeit.

Die überzeugend strukturierte und gut lesbare Untersuchung leistet einen wichtigen Beitrag zu einer ökumenischen Theologie, die sich von den interdisziplinär geführten und von der Theologie zu lange vernachlässigten Gabe-Diskursen bereichern lässt. Die Vfn. zeigt sich

138

in den sozialwissenschaftlichen, philosophischen und theologischen Verästelungen der Fachdiskurse hervorragend orientiert. Es gelingt ihr in beeindruckender Weise, anhand der im Untertitel der Arbeit genannten Fragebereiche zu zeigen, inwiefern ein – mehrstelliges – Verständnis von Gabe als der Gabe der Anerkennung es ermöglicht, sowohl die in der Einzigkeit und Souveränität Gottes begründete Einseitigkeit als auch die in der Öffnung der trinitarischen Gemeinschaft zur Welt hin begründete Wechselseitigkeit im Gabe-Vorgang als zwei einander bedingende Momente des Geschehens auszuweisen, in dem die Menschen dazu befreit werden, nicht nur „Nutznießer", sondern wirkliche „Empfänger" der Heilsgabe zu sein. Das Buch verdient daher höchste Aufmerksamkeit in den Kreisen ökumenischer Theologen und darüber hinaus.

Christoph Raedel

BEFREIUNGSTHEOLOGIE

Klaus von Stosch/Muna Tatari, Gott und Befreiung. Befreiungstheologische Konzepte in Islam und Christentum. Verlag Ferdinand Schöningh, Paderborn 2012. 285 Seiten. Kt. EUR 34,90.

„Das zentrale Anliegen des Bandes besteht [...] darin, die Befreiung des Menschen als gemeinsames Anliegen christlicher und islamischer Theologie aufzuzeigen und beide Theologien über dieses Anliegen miteinander ins Gespräch zu bringen", so Klaus von Stosch und Muna Tatari in ihrer Einleitung. Und weiter: „Die spannende Frage ist [...], ob es gelingen kann, dass [...] das Thema der Theologie der Befreiung sie dazu bringen kann, in eine Solidargemeinschaft für die Marginalisierten dieser Welt einzutreten." (9)

Dieser Herausforderung stellen sich die 17 Beiträge von christlichen und islamischen Theologinnen und Theologen. Exemplarisch stelle ich fünf markante Positionen vor.

Programmatisch kommt zuerst der südafrikanische Theologe Farid Esack zu Wort, der wohl Bekannteste, der sich als „islamischer Befreiungstheologe" bezeichnet. Er vertritt: „Die islamische Befreiungstheologie ist gerade dann eine Fortsetzung des politischen Islam, wenn sie die dem Islam inhärenten Aspekte politischer und sozialer Gerechtigkeit betont und hervorhebt. Ein Bruch wird vor allem dann deutlich, wenn wir uns die radikale Neu-Interpretation exklusivistischer Ansprüche des politischen Islam aber auch die Rekonzeptionalisierung von zentralen Themen wie Gender, religiöser Pluralismus, Armut, Sexualität, Aids oder gar Drogenkonsum/-abhängigkeit vor Augen halten, die die islamische Befreiungstheologie geleistet hat, um den Perspektiven und Positionierungen der Vergessenen und Verdrängten, der an den Rändern der Gesellschaft und Geschichte befindlichen ‚Nicht-Subjekte' Gehör zu verschaffen." (29) Als Voraussetzungen für eine Theologie der Befreiung nennt er die befreiende Praxis, die Parteilichkeit und die Kontextualität der Reflexion, für eine islamische Befreiungstheologie die Inspiration durch den Koran und prophetische Quellen.

Die schiitische Theologin Hamideh Mohagheghi verwendet dagegen den Begriff „Befreiungstheologie" mit dem Verweis auf die christliche Theologie der Befreiung zurückhaltend. Sie stellt Ansätze aus dem Iran vor und bezieht sich vor allem auf M. M. Schabestari. Die Freiheit Gottes und des Menschen seien die Voraussetzung für den Glauben sowie für das Verständnis von Gerechtigkeit und Engagement. Schabestari folgere, „dass die Muslime in der heutigen Zeit ihre Gemeinschaftsstrukturen auf Menschenrechte stützen sollen, nicht weil sie im Offenbarungsbuch und in der Tradition zu finden sind, sondern weil in der Moderne die Realisierung der Menschenrechte die einzige Garantie für die Gerechtigkeit ist, die als Prinzip für eine ‚islamische' Gemeinschaft gilt." (86)

Stefan Silber skizziert die Entwicklung der christlichen Befreiungstheologien. Der katholische Theologe sieht für sie gegenwärtig den Dialog mit anderen Religionen als entscheidende Herausforderung.

„Die Theologie der Befreiung hat gelernt, in solchen synkretistischen Ausdrucksformen der Religion keine Abweichung oder Entfremdung mehr zu sehen, sondern Wege der legitimen religiösen Selbstbestimmung der Armen." (124) Die Gretchenfrage im interreligiösen Dialog sei das Engagement für die Armen, nicht etwa die Deutung der Person Jesu in Bibel und Koran. Auf dem Weg zur Überwindung von Armut „ist die Theologie der Befreiung auf den Dialog mit den Befreiungstheologien anderer Religionen angewiesen". (126)

Juan José Tamayo spitzt dies aus katholischer Sicht zu und fordert eine „interreligiöse Befreiungstheologie" (142), „um die Pluralität der Manifestationen Gottes in der Geschichte, die Pluralität der Heilswege und die Pluralität der Antworten der Menschheit auf diese Manifestationen aufzudecken". (144) Die Religionen machten sich damit zu „Mit-Verantwortlichen der Probleme der Menschheit" (144). Eine solche interreligiöse Befreiungstheologie bewege sich im Horizont der praktischen Vernunft.

Diese vier arbeiten wie auch die weiteren Beiträge emanzipatorische Potentiale ihrer Theologien heraus. Worin diese bestehen und wie sie begründet werden, unterscheidet sich. Doch genau das ist ein großer Gewinn, weil der Sammelband damit einen Einblick in gegenwärtige reformtheologische Ansätze in Islam und Christentum gewährt und dieser dazu noch als Diskurs von islamischen und christlichen Positionen angelegt ist.

Bei aller Notwendigkeit, Rassismus, Armut, Gewalt und Ausgrenzung zu überwinden, und bei aller Dringlichkeit, dies mit Menschen aus unterschiedlichen Religionen gemeinsam zu tun, ist mir das Pathos an einigen Stellen jedoch zu viel. Zu wenig werden dagegen die jeweiligen Entdeckungs- und Begründungszusammenhänge unterschieden. Unter den genannten Beiträgen hebt sich der von Hamideh Mohagheghi diesbezüglich positiv ab.

Es zeigt sich zudem, dass die Gegensätze zwischen gesellschaftspolitisch und dogmatisch profilierten Ökumenikern zwar weitgehend überwunden, im interreligiösen Dialog diese Gegensätze aber noch intensiv zu bearbeiten sind.

Bemerkenswert ist deshalb der Beitrag der islamischen Theologin Muna Tatari. Ihr gelingt es, die unterschiedlichen Entstehungs- und Begründungszusammenhänge in den Entwürfen von F. Esack und G. Gutiérrez deutlich zu machen und sie in einen interreligiösen Diskurs zu führen. Denn Freiheit und Befreiung werden in christlicher und islamischer Theologie eben unterschiedlich begründet, ebenso Liebe und Gerechtigkeit. Damit verfolgt sie einen Ansatz, der den interreligiösen Diskurs und das gemeinsame Engagement voranzubringen vermag.

Christoph Dahling-Sander

BILATERALE DIALOGE

Wolfgang W. Müller (Hg.), Kirche und Kirchengemeinschaft. Die Katholizität der Altkatholiken (Christkatholiken). Theologischer Verlag Zürich, Zürich 2013. 202 Seiten. Kt. EUR 27,70.

In dieser Publikation erfahren wir von der kirchlichen Trennung, die bereits mehr als ein Jahrhundert zurückliegt, und wie diese behutsam aber zielstrebig erörtert wird. Im Jahre 2009 wurde von der internationalen römisch-katholischen und alt-katholischen (christkatholischen) Dialogkommission (seit 2003 bestehend) das Dokument „Kirche und Kirchengemeinschaft" veröffentlicht, mit einem Bericht über die grundlegenden Übereinstimmungen und die noch offenen Fragen, die die Kommission festgestellt hat. Bereits im Herbst 2011 wurde zwischen dem Päpstlichen Rat zur Förderung der Einheit der Christen und einer Delegation der Altkatholischen Bischofskonferenz der Utrechter Union das Gespräch über diesen Bericht fortgesetzt. Ab 2012 wurde von der Gesprächskommission der bisher erzielte ökumenische Konsens weiter vertieft, vor allem im Bereich der traditionellen Divergenzen in Bezug auf die Stellung des Papstes, der Mariendogmen (1854/ 1950) und der Frauenordination.

In der Diskussion wird zu recht anerkannt, dass es sich um ein innerkatholisches Problem zwischen 'birds of the same feather' handelt. Mit Blick auf die christkatholischen Gläubigen könnten die römisch-katholischen eindeutig mit Adam bejahen: „Das ist doch Bein von meinem Bein und Fleisch von meinem Fleisch." Von Urs von Arx, christkatholischer Emeritus der Universität Bern wird angemerkt, dass es hier nicht um eine Rückkehr-Ökumene gehen könne, verpackt in Einheits-Rhetorik. Urs van Arx und Harald Rein (alt-katholisch), Leonhard Hell, Ernst Christoph Suttner, Bernd Jochen Hilberath und Matthias Pulte (römisch-katholisch) kommentieren das Verhältnis in diesem Band, Gottfried W. Locher, Ratspräsident des Schweizerischen Evangelischen Kirchenbundes, mischt sich in die Debatte ein.

Nach Meinung von Harald Rein ist die wichtigste Frage der Beratungen „wie Macht in der Kirche ausgeübt wird", damit verbunden auch die Frage nach der theologischen Funktion des Volkes Gottes. Genau diese Fragestellung komme im Dialogtext zu kurz, behauptet Rein. Die komplexe Beziehungsgeschichte zwischen Christkatholiken und der Römisch-katholischen Kirche erfordere geradezu eine Thematisierung irrationaler Hindernisse in ökumenischen Dialogen, zugespitzt auf „das Bauchgefühl" und auf emotionale Widerstände.

Von Arx sieht grundlegende Übereinstimmungen, die die Entwicklung hoffnungsvoll erscheinen lassen. Entscheidend für die richtige Absicht seiner Erwägung ist, dass die Kirche, um Kirche zu sein, in einer lebendigen und daher auch wandelbaren Kontinuität mit dem apostolischen Ursprung stehen muss. Eine noch offene Frage ist der Dienst des Papstes an der Einheit der Kirche und wie die volle und sichtbare Gemeinschaft unter den Ortskirchen durch die Gemeinschaft mit dem Papst als dem Haupt des Bischofskollegiums begründet wird. Genau deswegen zeigt Hilberath Artikel 41 als entscheidenden Punkt an: es geht um die dogmatische und kirchenrechtliche Situierung des Papstes im Lebens- und Bezeugungsgeschehen der Kirche und darum müssten beide Seiten – vor allem aber die römisch-katholische – ihre Hausaufgaben machen und dann zu einer weiteren Dialogrunde zusammenkommen.

Nach Matthias Pulte versteht die Kirche sich – aus dem Blickwinkel des Kirchenrechts gesehen – als eine *societas sui generis*. Es ist sogar legitim, von einem Pluralismus im Leben und in der Disziplin der Teilkirchen zu sprechen, weil mit einer Akzentsetzung auf die Gewissensentscheidung und den Glaubenssinn im Gottesvolk der konziliaren Ekklesiologie der Weg bereitet wird. Daher ist die Gesamtkirche kein monolithischer Block, sondern Einheit in der Vielfalt. Weil die Kirche nach katholischem Verständnis eine *communio ecclesiarum* ist, kann sie auch Kirchen und kirchliche Gemeinschaften außerhalb ihres Vollständigkeitsanspruchs als legitime Gemeinschaften in der Nachfolge Christi anerkennen.

Es gibt eine legitime Vielheit in der Kirche und dennoch eine gewisse Notwendigkeit, eine bestimmte Einheit sichtbar zu demonstrieren, wie Karl Barth vor sechzig Jahren bereits argumentierte (KD IV,1, 753: ‚legitime ... Vielheit'; 765: ‚ihre ... Einheit ... sichtbar werden') und wie auch der Ökumenische Rat der Kirchen in seiner Publikation *The Church: Towards a Common Vision* (Faith and Order Paper No. 214, Genf 2013) aufgezeigt hat (par. 9: 'visible unity', und par. 12: 'legitimate diversity'). Im christkatholischen und römisch-katholischen Dialog gilt genau dieselbe Maxime.

Die Grundabsicht des Dialogtextes umfasst ein positives Verlangen, wie Leonhard Hell verdeutlicht. Kirchengemeinschaft zwischen Christkatholiken und römischen Katholiken wäre vielleicht in Kürze möglich. – Wichtige Anmerkungen aus orthodoxer Sicht trägt Suttner bei, Gottfried Locher aus protestantischer Perspektive, der im ekklesiologischen Grundgefühl einen gleichsam konsensualen Dissens gegenüber dem Protestantismus feststellt. Mit dieser Einsicht stellt sich die Frage, wie tragfähig die Grundlage für eine zu vertiefende Kirchengemeinschaft zwischen Kirchen der altkatholischen und der reformatorischen Tradition ist. Das reformatorische Konzept der *ecclesia invisibilis* steht noch immer unvereinbar gegenüber der altkatholischen/römisch-katholischen Vorstellung der Kirche als Mysterium.

Henk Bakker

Pfarrerin Dr. Uta Andrée, Missionsakademie an der Universität Hamburg, Rupertistraße 67, 22609 Hamburg; Prof. Dr. Henk Bakker, Faculty of Theology, VU University Amsterdam, Hoofdgebouw 2E–54, De Boelelaan 1105, NL-1081 HV Amsterdam; Prof. Dr. Christoph Dahling-Sander, Hanns-Lilje-Stiftung, Hanns-Lilje-Haus, Knochenhauerstraße 33, 30159 Hannover; Deutsche Ostasienmission, c/o Ev. Mission in Solidarität, Vogelsangstr. 62, 70191 Stuttgart; Prof. Dr. Fernando Enns, Universität Hamburg, Arbeitsstelle Theologie der Friedenskirchen, Sedanstraße 19, 20146 Hamburg; Pfarrerin Anne Freudenberg, Judith Meyer-Kahrs, Pastor Martin Haasler, Zentrum für Mission und Ökumene – nordkirche weltweit, Agathe-Lasch-Weg 16, 22605 Hamburg; Dominik Gautier, Institut für Evangelische Theologie und Religionspädagogik, Fakultät IV, 26111 Oldenburg; Prof. Dr. Klaus Hock, Religionsgeschichte – Religion und Gesellschaft, Theologische Fakultät, Universität Rostock, 18051 Rostock; Pfarrer Dr. Florian Ihsen, Erlöserkirche München-Schwabing, Germaniastr. 4, 80802 München; Pastorin Dr. Christiane Karrer-Grube, Evangelisch-Lutherse Gemeente Utrecht, Hamburgerstraat 9, NL-3512 NN Utrecht; Alix Lozano, Carrera 33 A # 30–02 Piso 3, Bogotá, Colombia; Prof. Dr. Annemarie C. Mayer, Theologische Fakultät und Religionswissenschaft, Katholieke Universiteit Leuven, Sint-Michielsstraat 4, bus 3101, B-3000 Leuven; Prof. Dr. Christoph Raedel, Systematische Theologie, Freie Theologische Hochschule, Rathenaustr. 5–7, 35394 Gießen, Claudia Rimestad, Elbestr. 5, 99089 Erfurt; Prof. Dr. Dorothea Sattler, Ökumenisches Institut der Universität Münster, Hüfferstraße 27, 48149 Münster; Fr. Dr. Ioan Sauca, Ökumenischer Rat der Kirchen, 150, route de Ferney, CH-1211 Genf 2; OKR Dr. Oliver Schuegraf, Amt der VELKD, Herrenhäuser Str. 12, 30419 Hannover; Rvd. Dr. Olav Fykse Tveit, Generalsecretary, Ökumenischer Rat der Kirchen, 150, route de Ferney, CH-1211 Genf 2; Pfarrer Marc Witzenbacher, Ökumenische Centrale, Ludolfusstraße 2–4, 60487 Frankfurt am Main

Titelbild: Logo des Pilgerweges der Gerechtigkeit und des Friedens (ÖRK)

Thema des nächsten Heftes 2/2015:

Das Kreuz mit dem Kreuz. Kreuzestheologie im ökumenischen Diskurs

u. a. mit Geerverghese Coorilos, Claudia Janssen, Volker Küster, Josef Niewiadomski

---

144 ÖKUMENISCHE RUNDSCHAU – Eine Vierteljahreszeitschrift

In Verbindung mit dem Deutschen Ökumenischen Studienausschuss (vertreten durch Uwe Swarat, Elstal) herausgegeben von Angela Berlis, Bern; Daniel Buda, Genf; Amelé Ekué, Genf/Bossey; Fernando Enns, Amsterdam und Hamburg (Redaktion); Dagmar Heller, Genf; Martin Illert, Hannover (Redaktion); Heinz-Gerhard Justenhoven, Hamburg; Ulrike Link-Wieczorek, Oldenburg/Mannheim (Redaktion); Viola Raheb, Wien; Johanna Rahner, Tübingen (Redaktion); Barbara Rudolph, Düsseldorf (Redaktion); Dorothea Sattler, Münster; Oliver Schuegraf, Hannover (Redaktion); Athanasios Vletsis, München; Friedrich Weber (†), Greetsiel; Rosemarie Wenner, Frankfurt am Main, Marc Witzenbacher, Frankfurt am Main (Redaktion).

ISSN 0029-8654   ISBN 978-3-374-04081-0
www.oekumenische-rundschau.de

Redaktion: Marc Witzenbacher, Frankfurt a. M. (presserechtlich verantwortlich)
Redaktionssekretärin: Gisela Sahm
Ludolfusstraße 2–4, 60487 Frankfurt am Main
Tel. (069) 247027-0 · Fax (069) 247027-30 · e-mail: info@ack-oec.de

Verlag: Evangelische Verlagsanstalt GmbH
Blumenstraße 76 · 04155 Leipzig · www.eva-leipzig.de
Geschäftsführung: Arnd Brummer, Sebastian Knöfel

Satz und Druck: Druckerei Böhlau · Ranftsche Gasse 14 · 04103 Leipzig

Abo-Service und Vertrieb: Christine Herrmann
Evangelisches Medienhaus GmbH · Blumenstraße 76 · 04155 Leipzig
Gläubiger-Identifikationsnummer: DE03EMH00000022516

Tel. (0341) 71141-22 · Fax (0341) 71141-50
E-Mail: herrmann@emh-leipzig.de

Anzeigen-Service: Rainer Ott · Media Buch + Werbe Service
Postfach 1224 · 76758 Rülzheim
www.ottmedia.com· ott@ottmedia.com

Bezugsbedingungen: Die Ökumenische Rundschau erscheint viermal jährlich, jeweils im ersten Monat des Quartals. Das Abonnement ist jeweils zum Ende des Kalenderjahres mit einer Frist von einem Monat beim Abo-Service kündbar.
Bitte Abo-Anschrift prüfen und jede Änderung dem Abo-Service mitteilen.
Die Post sendet Zeitschriften nicht nach.
Preise (Stand 1. Januar 2013, Preisänderungen vorbehalten):
Jahresabonnement (inkl. Versandkosten): Inland: € 42,00 (inkl. MWSt.),
Ausland: EU: € 48,00, Nicht-EU: € 52,00 (exkl. MWSt.)
Rabatt (gegen Nachweis): Studenten 35 %.
Einzelheft: € 12,00 (inkl. MWSt., zzgl. Versand)

Die nächste Ausgabe erscheint April 2015.